如何成為一個有趣的人

性格心理學

Personality Psychology

張豐 著

前言

一

一九九八年五月，華盛頓大學有幸請來世界巨富華倫・巴菲特和比爾・蓋茲演講，當學生們問道：「你們怎麼變得比上帝還富有？」這一有趣的問題時，巴菲特說：「這個問題非常簡單，原因不在智商。為什麼聰明人會做一些阻礙自己發揮全部能力的事情呢？原因在於習慣、性格和脾氣。」蓋茲對此也表示贊同。

中國有句古話：「積行成習，積習成性，積性成命。」西方也有名言：「播下一個行為，收穫一種習慣；播下一種習慣，收穫一種性格；播下一種性格，收穫一種命運。」由此可見，無論是西方還是東方，對性格形成的看法都是一樣的。

那麼，什麼是性格呢？

性格是指一個人在現實的態度和行為方式中比較穩定的、具有核心意義的個性心理特徵。它表現一個人的品德，它是一種與社會相關最密切的人格特徵，在性格中包含有許多社會道德含義。

在心理學上，一直有九型人格的說法，或稱為性格型態學、九種性格。它不僅僅是一種精妙的性格分析工具，更主要的是為個人修養與自我提升、歷練提供深入的洞察方法，與當今其他性格分類方法不同，九型性格揭示了人們內在最深層的價值觀和注意力焦點，它不受表面的外在行為的變化所影響。

九型性格具體分類如下：

第一型性格：理想崇高者、完美主義者：完美者、改進型、捍衛原則型、秩序大使。

第二型性格：古道熱腸者、熱心助人者：成就他人者、助人型、博愛型、愛心大使。

第三型性格：成就追求者、成就至上者：成就者、實踐型、成就型。

第四型性格：個人風格者、浪漫悲憫者、藝術型：浪漫者、藝術型、自我型。

第五型性格：博學多聞者、格物致知型：觀察者、觀察型、理智型。

第六型性格：謹慎忠誠者：尋求安全者、謹慎型、忠誠型。

第七型性格：勇於嘗新者、享樂主義者：創造可能者、活躍型、享樂型。

第八型性格：天生領導者：挑戰者、權威型、領袖。

第九型性格：嚮往和平者、和平主義者：維持和諧者、和平型、平淡型。

這九型性格，各自有好壞之分，能夠最直接地反映出一個人的道德風貌，也決定了你的受歡迎程度。

經常聽到有人說：「這個人性格不好，所以……」之類的話，可見，從心理學上認識自己的性格，並糾正自己的性格弱點，是每個人成長的第一步。

二

那麼，所謂的「好性格」到底是什麼樣的呢？

比如，對自己尊重，對別人友善，對集體關懷，對社會奉獻，以及微笑包容他人的錯誤，以開心撫平他人創傷。

該堅強時不多愁善感，該放下時不固執前行……但是，事實上我們都是普通人，我們每個人都做不到「十全十美」。

性格心理學家大多數認為，幽默開朗、熱愛生活，是好性格的第一要素。一個人可以沒有好的物質基礎和社會地位，但一定不能沒有快樂和對生活的熱情，而後者才是人生更終極的目標。

三

一個人有屬於自己的性格，無論哪一種性格，都可以成為一個「有趣」的人。

生活是朝九晚五，疲於奔命，而有趣是對生活的一種熱愛、一種投入，對困難的一種豁達。如果你在工作中幹什麼都受氣，看誰也不爽，彷彿天下間除了自己其餘都是笨蛋，那麼請你相信，一定是你自己出了問題。

既然你想要成為一個有趣的人，那你就不能把「有趣」變成一個形而上的名詞，你必須讓這個詞「落地」。

那麼，怎麼「落地」呢？

最簡單的，有趣就是要能讓別人開心。這就成了一門技術，而掌握一門技術必然是無聊的、無趣的，需要反覆練習和鑽研的。

你只要打開本書，在生活中反覆進行這樣的練習，你就能慢慢成為一個能讓人覺得開心的人了——能讓人覺得開心、好玩，是做一個「有趣」的人的最基本條件。而擁有「有趣」的性格，會使得他人情不自禁地親近你、喜歡你，「有趣」將成為你獲得成功的有利條件！

目錄
Contents

第三章　肢體語言：別在不經意間透露深藏的你

目錄
Contents

中 別笑，我是超有趣的心理學

第六章　邏輯思維：讓你的言行充滿影響力

目錄
Contents

下 別激動，我是逆襲心理學

第七章　別玩套路：知世故而不世故才是成熟

第八章　借點好風：逆襲你的真實人生

第九章　有趣有料：人生很多種看你鬧哪樣？

上

別怕，我是自我認知心理學

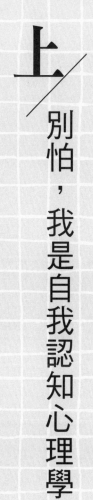

第一章　性格缺陷：推倒自我束縛之牆

強迫症：不需要完美得可怕

你是否會出現下面這些狀況？

出差去機場的路上，總覺得機票忘帶了，反覆開包檢查；

開會時總覺得手機在響，不停地看手機；

上班停好車，走進辦公室，總是擔心車門沒鎖好；

出門反覆鎖自己的抽屜，生怕抽屜沒鎖好；

……

如果有以上這些症狀之一，那麼，你可能已經患上強迫症了。

強迫型人格障礙是一種性格障礙，主要特徵是苛求完美。

強迫症症狀主要有下面兩種表現。

（1）強迫觀念

強迫觀念指在患者腦中反覆出現的某一概念或相同內容的思維，明知沒有必要，但又無法擺脫。表現為反覆回憶、反覆思索無意義的問題、腦中總是出現一些對立的思想、反覆對高層建築物的層數進行強迫性計數、總是懷疑自己的行動是否正確（**強迫性懷疑**）。

（2）強迫行為

強迫行為是指患者反覆做一些沒有必要的行為，如反覆檢查、反覆計數以及儀式性動作等。患者明知反覆的強迫行為不對，但無法控制，因為一旦控制不做，立刻就會出現緊張、心慌等嚴重的焦慮表現。為了避免焦慮的折磨，患者只好順應強迫，去想去做。這個特點稱之為有意識的自我強迫和反強迫。

一般來說，有強迫型人格障礙的人的道德觀念較強，對自己要求嚴格，追求完美，同時又有些墨守成規。他們謹小慎微，因為過分重視事物的細節而忽視全域；優柔寡斷，面臨意外而不知所措。由於行為表現過度認真、拘謹和執拗，缺少靈活性，也由於過度自我關注、自律和刻板，因此他們很少有自由悠閒的心境，缺乏隨遇而安的瀟灑，長期處於緊張和焦慮狀態。

強迫症有多種治療方式，一般從把握住患者的心理入手，使患者認識或明確意識到自身的症狀。

更為重要的是患者要學會自我矯正。首先要消除誤解，樹立信心。強迫症屬於輕度的精神障礙，不會發展成重度精神病。

其次要意志控制，轉移注意力。堅持正常的學習和工作，使生活節奏緊湊有序，同時培養廣泛的興趣愛好，通過社交及文體活動，分散和轉移對症狀的關注。

再次是臆想暴露，思維中止。通過想像「要發生」什麼，反覆體驗並最終意識到自己誇大危險和過度擔心是不必要的，通過有興趣的活動或放鬆訓練等隨時阻斷自己的強制性思維。

依賴型：人總要學著自己長大

在生活中，我們常常會遇到這樣一類人，他們在精神上缺乏自主性，總是依賴父母、配偶或朋友，他們很難自己做出選擇和決定，需要別人示範、指導或讚美。如果身邊沒有依靠，便會感到焦慮或恐慌。嚴重缺乏自信，十分在意別人的評價，有極強的從眾心理，人云亦云，盲目模仿。他們往往工作能力較強，能夠很好地完成上級分配給自己的任務，但前提條件是要得到很明確的指示。假如有什麼事情要讓他們自己來拿主意，就會變得猶豫不決，左右為難。他們嚴重缺乏判斷力，無法決定下一步的行動方向。

在心理學上，我們把這一類人的性格缺陷稱之為「依賴型人格障礙」。

依賴型人格障礙是一種最常見的性格缺陷。患有依賴性人格障礙的人，大多是在童年早期依賴需求得不到滿足，從而導致成年後還保留一種孩童期的依賴心理，以至於使自己停留在「心理哺乳期」，有的人甚至處於「終身心理哺乳」狀態。人們常常稱這種現象為「幼稚」、「長不大」等。

在幼年時期，兒童離開了父母就無法生存。在兒童眼裡，父母是萬能的，父母保護他、養育他、滿足他的一切需要，他必須依賴他們，總怕失去了這個依靠。如果此時的父母過分溺愛孩子，鼓勵子女的這種依賴行為，不給他們創造獨立和自主的環境，這樣下去，在子女的心目中就會逐漸產生對父母或權威的依賴心理，成年以後依然無法獨立生活。缺乏自信心，總是依靠他人來做決定，終身不能負擔起選擇採納各項任務、工作的責任，形成依賴型人格。

依賴型人格障礙是日常生活中較常見的人格障礙。具體來說，依賴型人格障礙的特徵定義主要有以下幾點。

（1）缺乏獨立性，很難單獨展開計畫或做事。

（2）容忍過度，做自己不願做的事，放低自己來討好別人。

（3）如果他人沒有為其提供大量的建議和保證，便不能對日常事物做出決策。

（4）遇到重要決定時，總是尋求他人幫助。如職業選擇，生活方式等。

（5）如果沒有得到讚許或遭到批評，內心十分失落。

（6）就算是他人做錯了，也會隨聲附和，因為害怕被別人遺棄。

（7）當親密的關係中止時感到無助或崩潰。

（8）時常被遭人遺棄的念頭所折磨。

（9）一個人的時候，會感到不適和無助，並竭盡全力逃避孤獨。

如果同時滿足上述特徵中的五項，即可診斷為依賴型人格障礙。

當然，我們需要區分病態的依賴和正常的依賴。

每個人都有依賴的需求和渴望，都希望有更強大、更有力的人幫助自己。不管我們看起來多麼強壯，也不管我們看起來多堅強，但從內心深處，我們都會希望有個人可以依賴。不管年齡大小，無論成熟與否，我們都希望父母能陪伴左右。這樣的感覺是合理的，因為這種渴望不會控制我們的生活。但如果這種思想控制了我們的一言一行，控制了我們的一切感受和需要，那它就不再是一種簡單的渴望了，而是變成了一種過分依賴的心理問題。

這種過分依賴心理會引起心理失調，心理研究者稱其為「消極性依賴人格失調」，這種心理症狀是所有心理失調現象中最常見的一種。

當然，患上依賴型人格障礙並不可怕，患者可以採用如下方法進行心理矯正。

（1）改變自己的日常行為習慣

反省一下自己的行為習慣，清楚自己在哪些方面習慣性地依賴他人去做，哪些是自己做決定的。可以每天做一次記錄，記錄十天，然後將這些事件按自主意識強、一般、較差分為三個級別，每十天做一次小結。

（2）找一個監督者

想消除依賴行為並不容易。如果依賴成為一種習慣，你會發現要做每個決定都變得那麼艱難，你可能會不知不覺地又走到老路上去。所以，要想改變這種狀況，你需要找一個自己最依賴的人作為自己的監督者。

（3）重新認識自己

找到根源所在。患有依賴型人格障礙的人缺乏自信，自主意識較低。他們形成這種性格，是因為童年期沒有受到正確的教育，心中留有自卑的印痕。依賴型人格障礙患者可以回憶童年時期，回想自己的父母、長輩或朋友對自己說過的具有消極影響的話，把這些記憶整理出來，明白自己依賴心理的根源所在。

找回自信。鍛煉自己，找一些略帶冒險性的事情去做，每十天做一項。比如，獨自一人去參加一些公共活動，在公共場合當眾發言。通過這樣的鍛煉，可以慢慢找回自信，從而改變凡事都依賴他人的性格缺陷。

領導型：別將「權力規則」帶回家

一個人的關係可以分成兩部分：個人領域和社會領域。個人領域包括配偶、親人、知己，最典型的是家；社會領域包括同事、同學、同鄉等，最典型的是工作。

工作中的規則是權力，其運作機制是競爭與合作、控制與征服。家中的規則是珍惜，能抵達珍惜的途徑是理解和接受。

如果不明白工作與家的分界，而將權力規則帶回家，那就形成一種「權力的污染」，會引出很多問題。並且，這種污染在現代社會很容易發生。

生活中的領導型的人很容易忽視珍惜的規則，而只在乎權力規則，將其視為解開人生的主要的，甚至是唯一的一把鑰匙。

在某種程度上講，嫺熟地掌握並果斷地使用權力規則，會讓一個人在成功的路上奔跑得更加迅速，但一旦它滲透到一個人的個人領域，那勢必會讓這個人付出代價——他的親密關係必然會變得一塌糊塗。

所以，領導型的人如果珍惜家，就不要把權力規則帶回家。

把權力規則帶回家主要包括以下幾種：

（1）以為家裡的規則和工作規則是一回事，而在家中有意使用權力規則。

（2）知道兩者不一樣，但不懂家的規則。

（3）徹底拋棄家的規則。

（4）習慣了權力規則，在家中放不下，就像是權力強迫症。

領導型性格的人特別在乎權力，在工作中如果總是被控制、受人氣。那麼，回家以後就容易把氣撒在配偶和孩子身上，並有可能顯示出更極端的控制欲望來，這在心理學上叫「心理補償」，在生活中處處可見。

那麼，如何避免將權力規則帶回家呢？領導型性格者應注意以下幾點：

（1）要有明確的意識，將工作和家分開。告訴自己，這是兩個不同的世界，需要用不同的方式去對待。

（2）不要把工作作風帶回家。可以在家繼續工作，但不要將工作的氣氛帶回家。

（3）保持整個家庭系統的平等。在工作中，必然會有領導。在現代家庭中，在解決問題時，要有「一家之主」。但在溝通中，應該彼此相互尊重。

（4）讓珍惜成為家庭主旋律。工作中，處理的主要是利益，目標是解決問題；家庭中，處理的主要是感受，目的是相互理解與接受。多一分理解，多一分接受，就多一分溫暖，家就更像一個家。

懷疑型：越猜越疑，越疑越猜

懷疑型的這種人很敏感，總是覺得事情表面的背後隱藏了什麼，別人的微笑面孔背後又有什麼企圖。他們會在內心形成一個想法，然後對周圍環境進行掃描，查到蛛絲馬跡來印證他們的想法。通常他們不是發現證據才產生想法，而是有想法之後去找證據印證。

多疑會產生懷疑，而且越生越多，你每天問一遍對方：「我懷疑你變心了」少則一個月，多則半年，那對方真的就和你分手了，這時候，你可能會長出一口氣：「你看，果然是這樣！我當初的疑心是有道理的。」其實，是你不克制的疑心趕走了對方。

懷疑型人，缺點就是疑心太重。他們一旦陷入愛河之中，很容易對伴侶產生懷疑，即使對方給他們承諾、許下海誓山盟，他也覺得對方並非真心誠意，懷疑對方另有企圖。他們背地裡就會猜測對方的內心，在毫無真實根據的情況下，得出一套結論。一旦這樣的結論出現了，他們就會把它當作事實，然後就會根據現實的蛛絲馬跡來印證自己的假設，並對伴侶橫加指責，讓對方陷入無妄之災中，這都是因為自己的疑心在作祟。

俗話說，疑心生暗鬼。人一旦疑心太強，就會導致越猜越疑，越疑越猜的惡性循環。所以對忠誠型的人來說，一定要控制自己疑心太重的毛病。對自己的伴侶也應該採取這樣的策略才行，愛人，是應該給予對方愛和溫暖的港灣，千萬不要把港灣變成監獄，用可怕的疑心逼著愛人「越獄」潛逃。

自戀型：別讓「水仙」害了你

心理學研究表明，自戀是一種自我陶醉和自我欣賞的情結，過度關注自我，並且總是沉浸在自己不切實際的幻想中。

在職場中有很多自戀的人，他們總認為自己表現得非常好，在公司每天都很拼命地工作，總覺得自己是優秀的人才，領導如果不提拔自己，一定是領導沒有慧眼。

成就型的人的這種心理，就是自戀心理在作祟。自戀的主要特徵就是以自我為中心，在生活和工作中主要表現為不願接受他人批評，自傲自滿，對自己的才能誇大其詞，強烈希望獲得成功、權力和榮譽，喜歡指使他人，認為自己應該有特權，缺乏同情心，容易對他人產生嫉妒心理。

在職場中，成就型的人大多以為自己做得很好，其實領導未必會認可，在很多時候，這些人的自我感覺要遠遠高於公司對他的實際評價。而且，表現好和升職之間也沒有必然聯繫。

心理學研究稱，每個人生來就很自戀，特別是在嬰兒時期。此時，嬰兒會天真地以為，自己就是整個世界，不知道還有「外面的世界」存在，這種狀態也被稱為「原始自戀」。隨著長大後慢慢對世界的認知，大多數人都會改變這種觀念。如果一個人總是活在這種自戀的滿足之中，總是自以為是，就會出現自負的心理，隨之而來的是現實中的不斷受挫和失敗。

自戀的心理是一種自我意識壓倒潛意識的心理現象。自戀的人固守一種狹隘、片面的主觀意識，缺少與外部世界的聯繫，缺少客觀理性的態度。

關於自戀心理，希臘有一個神話故事。

有一個俊美的青年，有一天在水中看到了自己的倒影，不可救藥地愛上了自己，他每天在水邊欣賞自己的影子，無法自拔。最終跳進了水裡，變成一朵美麗的水仙花。

於是，在心理學上也有人用「水仙花」這個詞來稱呼這種只愛自己的自戀心理強的人。

一般來說，對於自戀心理可以採用如這幾招來解決難題。

（1）學會謙虛

其實，大多數的人都會有一點點自戀的心理。但是，少許自戀是一種自信，是對自己的肯定，是工作和社交心理的一種成熟表現。如果過度自戀，就會發展為一種病態，所以，在生活或工作中，要記住「好漢不提當年勇」，要謙虛謹慎、戒驕戒躁。

（2）學會愛別人

成就型的人在生活中，要學會設身處地為他人著想，多一份愛心，尊重他人，真心實意地關心別人。如果能長期堅持下去，便能夠從自戀心理的泥潭中走出來。並且愛別人，別人也會給你愛，也能給你一份走出來的動力。

（3）解除以自我為中心的心理

自戀心理最明顯的特徵就是，在思想行為上總是以自我為中心，看不到其他人的存在。所以，成就型的人要時刻告誡自己，現在已經是成人了，要學會自己去做自己應該做的事情，不要太過於在意別人的讚美之詞。當出現以自我為中心的行為後，要在心裡及時地提醒和警告自己，堅決不讓其有生根發芽的機會。

（4）適時地溝通

也許你有表現好的方面，但是，很多時候上司或老闆並不知道，所以你要與上司或老闆適時地溝通。並不是每件事都要讓上司或老闆知道，但一定要與上司或老闆溝通。這樣不僅能從上司或老闆處學到一些東西，同時能讓他知道你在做什麼，而不是只有你自己知道。

拖延症：在思考之後行動，不如在行動中思考

拖延型的人充滿想像力，但是卻很少把想像付諸行動。

俗話說：「一分耕耘，一分收穫。」只有積極行動，才能提高實現人生價值的效率，提高修煉人生境界的能力；只有積極行動，才能戰勝人生中遇到的各種

困難，實現自己的目的；只有積極行動，才能真正認識和感悟人生，獲得人生的智慧；只有積極行動，才能抓住人生發展機遇，使自己的人生達到新的高度。

自我型的人要知道，世界上絕對沒有不勞而獲的事情。成功的人無一不是腳踏實地努力行動的結果。不積極行動、不想行動、不願意付出努力，終將一事無成。

自己的人生路必須要自己去走，必須要付諸實際的行動。人生不僅需要理想、需要智慧，還需要勇敢。人生中的各種實際問題也只有通過自己的實際行動才能得到解決。人生是短暫的，要在有限的時間裡實現自己的人生理想，就必須立刻行動，不能把自己的目標和理想停留在口號上。

勇敢有三：選擇決斷之勇、克服困難之勇和堅持到底之勇。一個沒有勇敢精神的人，必將一事無成。

洛夫・羅勃茲是世界頭號房地產銷售狂人，全球推銷員的典範，被美國報刊稱為國際銷售界的傳奇冠軍。在美國，一個頂尖的業務員一年成交量為五十件，而洛夫・羅勃茲一年可成交六百件，這個數字是一般人的五十倍。

有記者採訪洛夫・羅勃茲，問道：「請問您成功的秘訣到底是什麼？」

「馬上行動！」

「當您遇到困難的時候，請問您都是如何處理的？」

「馬上行動！」

「當您遇到挫折的時候，您要如何克服？」

「馬上行動！」

「在未來當您遇到瓶頸的時候，您要如何突破？」

「馬上行動！」

「假如您要分享您的成功秘訣給全世界每一個人，那您要告訴他們什麼？」

「馬上行動！」

洛夫・羅勃茲告訴每個人，尤其是自我型性格的人，收起你那些不切實際的幻想，現在就行動，成功從來不需要過多的幻想。

正如人們所言：「行動不一定就帶來快樂，但沒有行動則肯定沒有快樂！」—心想事成，這句話本身沒有錯，但是自我型的人只是把想法停留在空想的世界中，而不落實到具體的行動中，因此常常是竹籃打水一場空。

俗話說：「一百次心動不如一次行動！」因為行動是一個敢於改變自我、拯救自我的標誌，是一個人能力有多大的證明。只想不做或是只說不做的人，永遠不會成功。

美國著名成功學大師傑佛遜說，一次行動足以顯示一個人的弱點和優點是什麼，能夠及時提醒此人找到人生的突破口。在人生的道路上，你需要做的是：用行動來證明和兌現曾經心動過的行動。

曾經有一位六十五歲的老人從紐約步行到了佛羅里達州的邁阿密市。經過長途跋涉，克服了重重困難，他到達了邁阿密市。

在那裡，有幾位記者採訪了他。他們想知道，他是如何鼓起勇氣，徒步旅行的？這路途中的艱難是否曾經嚇倒過他？

「走一步路是不需要勇氣的。」老人答道，「我所做的就是這樣。我先走了一步，接著再走一步，然後再走一步，我就到了這裡。」

自我型的人，也許你早已經為自己的未來勾畫了一幅美好的藍圖，但是它同時也給你帶來煩惱，你感到自己遲遲不能將計畫付諸實施，你總是在尋找更好的機會，或者常常對自己說：「留著明天再做。」這些做法將極大地影響你的做事效率。因此，要獲得成功，必須立刻開始行動。任何一個偉大的計畫，如果不去行動，就像只有設計圖紙而沒有蓋起來的房子一樣，只能是一個空中樓閣。

目標再偉大，如果不去落實，永遠只能是空想。成功在於意念，更在於行動。制訂目標是為了達到目標，目標制定好之後，就要付諸行動去實現它。如果不化目標為行動，那麼所制訂的目標就成了毫無意義的東西。

老好人：說「不」是你的權利

和平型的人是生活中的「老好人」，他們有不滿的情緒，也很少會直接表達出來，因為他們怕直接表達出來傷了大家的和氣，會讓大家都沒有面子。

從心理學角度來看，害怕說「不」，是因為沒有建立起健全的界限意識。界限不僅包括生理和心理上的，也包括情緒上的，是一種拒絕可能對自己的身心造成傷害的事情的能力。這種界限可以幫助你保護自己的時間、隱私、財富和健康，也能保障你在社會中獲得最基本的禮遇和尊重。

你的一個普通朋友來找你借錢，而你準備將手頭上的錢拿來做一項很看好的投資，這時你又該如何去拒絕呢？

生活中像這樣的事情時時刻刻都在發生。尤其對於調停者來說，拒絕他人成了他們最頭疼的事情。當別人對他們提出要求的時候，本來想拒絕，但礙於情面最終難以將「不」說出口。

當然，說「不」並不代表就要嚴詞拒絕，怎麼拒絕既能達到自己的目的，又能讓他人樂於接受呢？不妨學學下面這幾種說「不」的技巧。

（1）心存感激地拒絕

很多時候，由於對方信任你，所以才會託付你去做某件事。這時候，你首先要對對方的信任表示感激，然後和顏悅色地拒絕，讓對方知道，你拒絕的不是他這個人，而是這件事情讓你確實很為難。

（2）先否定後肯定

很多時候你可以採用先否定後肯定的方法來拒絕別人。比如，你的好朋友約你週末一起逛街，但是你正好有別的計畫，這時你可以先說：「對不起，我答應爸爸媽媽這個週末陪他們一起去爬山。」接著，表達你的拒絕，「所以這個週末我不能陪你去逛街了。」最後再來個轉折，以一個肯定的方式來結尾：「我想下個週末如果你有空，我們再好好逛一下，怎麼樣？」

（3）給對方一個臺階下

每個人都有自尊心，如果你直接拒絕對方，不留一點餘地，難免會使對方難堪，從而引起對方的反感。因此，有些情況，不要一開口就說「不」，應該尊重對方的願望，先同情、安慰一番，然後再說出自己無法接受的理由。要讓對方感受到你的誠意，同時他自己也不會覺得難堪。這樣他在欣然接受的時候，說不定還會對你心生感激。

測試：你是外向性格，還是內向性格？

一九一三年，瑞士心理學家榮格（Carl.G.Jung）第一次提出了性格的內外向類型。榮格認為，在與周圍世界發生聯繫時，人的心理可以分為兩種傾向，稱為「定勢」。一種定勢指向個體內部世界，叫內向；另一種定勢指向外部環境，叫外向。這種劃分方法可以看作是人在性格上的最基本的類型。

一般來說，內向的人喜歡安靜，富於想像，害羞而退縮；外向的人則喜歡熱鬧，愛交際。事實上，一個人能夠做的，其實就是尋找到自己內向和外向的一個平衡點。從測量的角度來看，沒有一個人是絕對內向或者外向，也許每個人只是一個曲線上的一個點，每個點的意義都不一樣，因為點的不同，造成了一個人在表現上可能有各種變化。

外向型和內向型通常通過自我測試來測量。

設想五個人拿到了如下的問卷：

在這份問卷中，甲和乙是外向者，丁和戊是內向者，丙介於兩者之間。

測試　內向外向性格

以下是六十個測試題目，每個題目都有「是」「不能確定」「不是」三種答案。請你以最快的速度回答完畢，並統計A、B卷的綜合得分。

A卷

1. 當你站在很多人面前時，你會感到不好意思。
2. 更願意一個人獨處。
3. 與陌生人打交道，你覺得不容易。
4. 當你遇到不快樂的事情時，你能一直不露聲色。
5. 你不喜歡社交活動。
6. 你不會把自己的想法輕易地告訴別人。
7. 對問題，你喜歡刨根問底。
8. 你凡事很有主見。
9. 會議休息時，你寧肯一個人獨處也不願意與人交談。
10. 當你遇到困難時，你非弄懂不可。

11. 你不善於和別人辯解。
12. 你時常因為自己的無能而沮喪。
13. 你常常對自己面臨的選擇猶豫不決。
14. 你喜歡拿自己去和別人比較。
15. 你容易羡慕別人的成績。
16. 你很在意別人對你的看法。
17. 在發現異常的情況時，你容易產生豐富的聯想。
18. 你總是把家裡收拾得乾乾淨淨。
19. 你做事很細心。
20. 你十分注意維護自己的信用和形象。
21. 你信奉「不幹則已，幹則必成」這一格言。
22. 拿到一本書，你可以反反覆覆地看幾遍。
23. 你做事情多有計劃。
24. 在學習時，不容易受外界的干擾。
25. 讀書時，你的作業大多整潔、乾淨。
26. 一旦對人形成一種看法，你不會輕易地改變。

27. 你不喜歡體育活動。
28. 在買東西前，你總是貨比三家。
29. 在不愉快的事情面前，你不會生很長時間的氣。
30. 你常常擔心自己會遇到失敗。

B卷

31. 你總是對人一見如故。
32. 你喜歡自己表現。
33. 開會時，你喜歡坐在顯眼的地方，方便被人注意到。
34. 你在眾人面前總是能夠爽快地回答問題。
35. 你願意經常和朋友在一起。
36. 逛街時，你只要認為是好東西就會立即買下來。
37. 對別人的意見，你很容易接受。
38. 你喜歡高談闊論。
39. 決定問題時，你是一個爽快的人。
40. 常常不等別人把話講完，你就覺得自己已經懂得了。

41. 當遇到挫折時，你不輕易喪氣。
42. 碰到高興的事情時，你容易喜形於色。
43. 對別人的事情，你不太注意。
44. 你喜歡憧憬未來。
45. 你相信自己不比別人差。
46. 你不注意外表。
47. 即使做了虧心事，你也會很快遺忘。
48. 你常常忘了自己放的東西在哪兒。
49. 對於別人的請求，你總是樂於幫助。
50. 你總是熱情來得快，退得也快。
51. 你做事情注重速度而不注重品質。
52. 你不習慣長時間看書。
53. 你的興趣廣泛，但經常換。
54. 在開會時，你喜歡同別人交頭接耳。
55. 答應別人的事情你會經常忘記。
56. 你容易和別人交朋友。

57. 對電視中的球賽節目，你非常感興趣。
58. 你不看重經驗，不懼怕從沒做過的事情。
59. 當你做錯事情，你容易承認和改正。
60. 你容易原諒別人。

A卷「是」0分，「不能確定」1分，「不是」2分

B卷「是」2分，「不能確定」1分，「不是」0分

性格分析

90分以上，典型的外向性格。

71～90分，稍微外向性格。

51～70分，外向、內向混合性格。

31～50分，稍微內向性格。

30分以下，典型的內向性格。

第二章 情緒管理：不要跟著感覺走到黑

抱怨不是聊天的工具

不知道你是否注意到在你周圍有這樣的人：他們整天都在埋怨，似乎從來就沒有過順心的事，沒有過順利的時候。這樣的人，無論你什麼時候和他們在一起，都會聽到他們不停地嘮叨埋怨，高興的事全被拋在了腦後，不順心的事總被掛在嘴上。

所謂「抱怨者，人遠之」，無論什麼時候，人們都想離那些消極沉鬱、抱怨不滿的人遠一點，他們的出現只會削減你積極的能量。比如，他們會跟你說「周圍沒一個好東西」「老闆這個人真不怎麼樣」，這很容易影響你的判斷。長此以往，你真的會漸漸地對一切本來確定的事情產生懷疑，對美好、正直、善良的東西不再信任。

近朱者赤，近墨者黑。結交一些積極、優秀的朋友，你可以從他們身上學到很多有益的東西，他們那陽光般的心態可以驅除人性的陰暗，讓任何不良的習性無處遁形，但如果你結交的是一個整天對世界不滿、對人生不滿的人，在他的唉聲嘆氣中，你也會被薰染得失去理想、正直、無私等一切正面的東西。

抱怨者不見得不善良，但常常不受人歡迎。抱怨能夠毀壞人和人之間正常的關係，抱怨者的本意可能是想讓別人替自己打開一扇門，但結果往往是敦促別人把那扇本來為你敞開著的窗也關閉了。如果你見到抱怨者就會遠遠躲開，那你自己就不要去做那人見人厭的抱怨者。

首先，分析一下你屬於哪種抱怨？

（1）期望不合理

抱怨最直接的誘因是對現狀（包括自己、他人、環境等）不滿，這意味著當事人的內心有一個標準或期望值。

「為什麼我父母不是富翁？」

「為什麼老闆沒有讓我晉升？」

「為什麼我不能受到更多的訓練？」

「為什麼我沒有做到？」

「為什麼沒人告訴我應該這樣做？」

「為什麼我就是找不到愛我的人？」

……

所有這些「為什麼」控制著你的心態和情緒，讓你把生命的很大一部分精力和時間都投在抱怨之中，長此以往，只會加劇害怕自己是一個無價值、無力量、無用的人的恐懼。

現在，你可以嘗試用「如何」來替換它們，使自己充滿熱情和勇於挑戰。你可以問自己：「我如何才能做到？」「我如何才能讓老闆給我升職？」等。

相對於反覆受挫而怨言不斷，把「為什麼」轉變成為「如何」，能夠給你帶來超過你想像的更有建設性、更愉悅的心境。

（2）缺乏自信和行動力

抱怨別人其實是一種對自己的缺點和失敗的否定，對應承擔的責任的逃避，這種人通常都缺乏自信和行動力。抱怨只會使他們失去自我完善和發展的機會，繼續在錯誤的道路上徘徊不前。他們的抱怨往往來自於內心的害怕，害怕面對事情，害怕面對問題本身，害怕和別人進行有意義的交流等。

例如，事業失敗了，他會帶頭抱怨，因為他害怕遭到別人的質疑或嘲笑。於是，他說，他不是沒有努力，而是客觀環境太惡劣，好像這個行業不可能成功一樣。但事實並非如此，他失敗的原因多半在於他自己本身，要麼就是沒有努力，要麼就是沒有找對方法。而那些聽他抱怨的人會根據他所說的頻頻點頭，這樣的結果讓他滿意：「看，我就知道問題不在我，他們也都這麼認為！」

當他面對一個難題時，他心理的恐懼占了上風，他害怕不能戰勝難題，他同樣害怕自信心被傷害。於是，他又開始抱怨，想避開痛苦，他想通過抱怨抑制自己內心的恐懼。今天上司給了他一份策劃書，讓他在明天早上開會前準備好。他很害怕準備得不好而遭到上司的責備和同事的輕視，最後連他自己都不相信自己的能力。於是，在他開始行動之前，嘴裡不禁又開始抱怨起來：「老闆真是不公平，讓我在這麼短的時間做這麼難的事！」「小李明明比我清閒，為什麼偏偏不找她？真倒楣！」

他內心的恐懼讓他終日抱怨，於是他意志消沉，變得更加軟弱。但他忽略了非常重要的一點：做事的成敗取決於他做事的態度。

（3）情感表達不當

有些人把抱怨當作表達情緒的一種方式，但結果常常適得其反。父母抱怨子女工作太忙太拼命，其實是想表達對子女的牽掛；妻子抱怨丈夫不顧家，其實並不指望他真的能幹多少家務活，只是希望他能多陪陪自己……可惜被抱怨的人並不總能聽懂抱怨背後的情感，他們很容易將抱怨理解為批評指責，然後針鋒相對，最後演變成一場「戰爭」。親人之間情感的表達應當採取積極、正面的方式。

（4）習慣性抱怨

如果你被別人欺騙了，你可以怨天尤人、痛罵社會，甚至自責，但事情卻不會因這些而改變。這一切只會影響你和日後的生活。

現實中存在不少這樣的人，他們往往把抱怨當成聊天的一個內容，而不會尋找其他的話題。即使沒有特別的事情發生，人們抱怨的事情也是五花八門：天氣、交通狀況、商場裡擁擠的人群、銀行裡的長隊、變老的事實、待遇太差、疾病的困擾、子女的問題，等等。

大多數人覺得抱怨是很好的發洩工具，能在受到挫折或面臨困難的時候放鬆自己的心情，卻忽略了這種情緒對自己的嚴重影響。愛抱怨者可能很難意識到：很多抱怨都是他們自己一手造成的！

你的工作沒做好，上司自然會找你麻煩；你不注意減肥，當然沒有適合你的衣服；你不看天氣預報，被雨淋了又能怪誰？所以，當你試圖抱怨的時候，不妨先從自己身上找原因。否則，一旦養成了抱怨的習慣，就會把自己的問題隱瞞起來。而無休止的抱怨式聊天也會讓別人心煩，導致在無形中同事、朋友、家人對你的不滿和疏遠。

你需要的是水，就不要去比較杯子

在生活中，每個人都可能莫名地生氣，莫名地煩惱，看到什麼都不順眼，做什麼事都提不起精神來，為什麼會這樣呢？

也許是因為生活壓力太大，也或者是因為工作中遇到困難，甚至是家裡人出現了什麼意外……看起來，這些都是生氣、煩惱的誘因，但是究其根本，卻是一個人的認知問題。

弘一法師說：「有些人因為錯誤的認知而痛苦了十幾年、二十年，他們相信別人背叛或厭惡他們，即使對方可能只是出自一番好意。一個錯誤認知的受害者，不但使自己痛苦，也連累周圍的人。」

大學同學到一個老師家聚會，本來是想敘敘舊，可是到了一起，同學們卻都在抱怨自己的生活如何不如意。有的說自己工作不如意的，有說自己感情生活不滿意的，還有說自己身體狀況欠佳的，總之，就是沒有一個人是幸福的。

老師看在眼裡，只是笑笑，什麼也不說，然後拿出一大堆杯子說道：「我不跟你們見外了，你們自己倒水吧。」

學生們紛紛拿起了杯子，倒上水握在手中。

這時，老師說話了：「現在，你們手裡每人都拿了一隻杯子，仔細看看，手裡的杯子和桌子上的杯子哪個漂亮些？這個很明顯，你們手中的杯子都比桌子上的杯子要漂亮些。」

「誰不想自己手裡的東西是最好的呢？」一個同學說。

「可是我們需要的是水，而不是杯子啊！其實這就是你們煩惱的根源。」

同學們頓時恍然大悟。

你需要的是水，就不要去比較杯子。很多時候，你常依著錯誤的認知在行事，其實不該如此確定自己的看法是正確的。當看到美麗的太陽，你可能相信太陽就是現在這樣子，但是科學家會告訴你，那是它八分鐘前的樣子，因為太陽與地球相距遙遠，陽光需要花八分鐘才能到達。

你必須非常小心地看待自己的認知，否則就會因此而受苦。你可以試著在紙條上寫道：「你確定嗎？」然後貼在房間，這將對你有很大的幫助。

所以當生氣、痛苦時，請回到自己的內心，深入地檢視認知的內涵與本質，檢視所相信的事。如果能去除錯誤的認知，祥和與幸福的感覺就會在心中浮現，而你又有能力重新愛別人。

低潮只不過是一時的錯覺

情緒是很會「騙」人的。他們可以「騙」你，而且常常會教你誤以為你的生活比實際上的糟糕。

當你心情不錯時，你有自己的見解、常識和智慧，凡事都不難，遇到問題，也有信心去解決。心情好的時候，人際關係融洽，溝通也很順暢，即使遭受批評，也能欣然接受。相反的，當你心情不佳時，生活看起來就很糟糕。遇到一點兒困難，你就難以保持平衡。你會認為所有事情都是衝著你來的，甚至會誤解周圍的人，把邪惡的動機歸罪到他們的行為上。

早晨，你和家人正在吃早飯。突然，你的女兒碰翻了桌上的咖啡壺，你的衣服被弄髒了。衣服是你上班時要穿的，而早上的時間很緊張。你勃然大怒，指責女兒做事不小心。女兒被嚇得哇哇大哭。指責完女兒，你又轉而責怪妻子將咖啡壺放得離桌沿太近。於是，夫妻之間的口角發生了。你氣衝衝地上樓去換衣服。下了樓，你發現女兒只顧著哭，早飯還沒有吃完，又誤了學校的班車，而妻子也到了上班的時間。

你只好駕車送女兒上學。因為你上班的時間快到了，所以你將車子開得飛快。你因為超速駕車，被警察攔住，一來二去花了一刻鐘時間，最後你交了罰金後才得以離開。女兒到了學校後，因為匆忙，沒有向你說再見。你到了辦公室，已經遲到了二十分鐘，而且你發現公事包落在家裡了。

這一天一開頭就不順，而且事情似乎變得越來越糟糕。你盼著工作早點結束，可是當你真的回到家，你又發現你和妻子、女兒之間有了一點隔閡。

那麼，這糟糕的一天是怎麼引起的呢？

A.咖啡壺引起的

B.女兒引起的

C.警察引起的

D.你自己引起的

答案是D。

咖啡弄髒你的衣服時，你沒有控制好自己，你做出反應的這五秒鐘，導致了你一整天不順利。

如果你換一種情緒去看待這件，結果將會是怎樣的呢？

你的衣服被咖啡弄髒了，女兒正要哭，你柔聲說：「哦，寶貝兒，不要哭，你只要下一次小心一點就可以了。」你上樓換衣服，同時拿起公事包，你下樓後從家裡的窗戶看到女兒蹦蹦跳跳地上了學校的班車。你到辦公室時，離上班時間還差五分鐘。你愉快地和老闆及同事們打招呼，你這一天都會是好心情。

這是一篇題目為「你掌控百分之九十的人生」的文章，廣為流傳——同樣的事件，不同的結果。

為什麼呢？因為人生很多事情，事實只占百分之十，而每個人對事實的反應占了百分之九十。這百分之十的事實人們往往無法控制，比如汽車拋錨、飛機晚點、天降大雨等。但是，你對於這些事實的反應是能控制的，而這才是幸福的決定性因素。

你是你自己的將軍，你是你自己的統帥，你是你自己的統治者。儘管你的出生地、升降沉浮等外在因素不能完全被你掌控，但是你完全可以掌控你自己。你可以選擇開心快樂，可以選擇「凡事往好處想」，可以選擇知足常樂等。

這是個陷阱，大多數人並不瞭解是他們的情緒在作怪。他們以為生活是突然在昨天或者過去這一小時才變糟的。所以，一個人早上心情好的時候，會愛他的妻子、愛他的工作和他的車子。他對前途可能感到樂觀，對過去也心存感激。可是，可能到了下午，如果心情不佳，他就會說他痛恨他的工作，厭煩他的太太，討厭他的車子，而且相信他的事業沒有前途。如果你在他情緒低潮的時候問起他的童年，他可能會告訴你，那是一個悲慘童年，甚至他可能會把目前的困境怪罪在父母的頭上。

這樣迅速而劇烈的落差看來雖然荒謬可笑，可是人全都是這樣的。

在情緒低潮的時候，你會失去平衡，每件事似乎都很急迫。你完全忘了，心情好的時候，凡事似乎都好多了。不論你跟什麼人結婚，在哪裡工作，開什麼車，潛力如何，童年過得好不好，這一切全都取決於你心情的好壞！情緒低潮的時候，你不但不怪自己的情緒不對，還容易覺得整個生活都不對勁。就好像你真的相信了，你的生活在過去一兩小時中被瓦解了。

事實上，在你心情不好的時候，生活從來沒有你以為的那麼糟糕。你不要困在憤怒之中，以為自己看得很實際。你可以學習去質疑自己的判斷，不妨提醒自己：「我當然會有戒心（或感到生氣、挫折、緊張、沮喪）。」「我心情不佳嗎！」當你的情緒糟透時，學會一笑置之：「這是人類不可避免的情況，會隨著時間過去的，不必理它。」

如果你有一個正當的問題，先改善心情，它還會在那裡的。竅門是：「感激我的好心情，在心情不好的時候，則要保持優雅的風度，不要把問題看得太嚴重。」下一次你情緒不佳時，不論原因是什麼，都提醒自己：「這也會過去的。」它就真的會過去。

明天的落葉，怎能在今天掃乾淨

弘一法師在帶領弟子禪修時，說過這樣一句話：「把過去交給過去，把未來交給未來。」這是對「活在當下」的最好詮釋，也是開啟智慧法門的一條捷徑。

那些過去的人和事已經消失在蒼茫的人海中、無涯的時間裡。當我們屏氣凝神，細細品味生活的時候，內心就會變得非常寧靜，在這份沉靜中，我們的執著、妄念將會得到克制。閉目冥想，在千百萬年的時間裡，在永恆浩渺的宇宙中，每一個生命是如此的細微、脆弱，不能改寫過去和未來的命運，我們能夠做的，只是沉靜下來，把過去的時光交給過去，把未來的希望留給未來，把我們自己的心靈留在當下，活在當下的每分每秒裡。

這是「現在主義」的禪詩：

「過去是未來，未來是過去，現在是去來，菩薩曉了知。」

過去就是未來，未來也就是過去，現在就是過去以及未來。

而在現實世界中，我們常常被時間矇騙，以為過去的已經過去，未來的一定會來，現在的永遠不變。

其實，在時間的脈絡中，時間的過去、現在和未來是互相交錯不可分割的，我們唯一能夠把握的只有現在。所以，不要牽掛過去，不要擔心未來，踏實於現在，便能與過去和未來同在。

有人曾請教弘一法師：「有形的東西一定會消失，那麼世上會有永恆不變的真理嗎？」

弘一法師回答：「山花開似錦，澗水湛如藍。」

如錦緞般盛開的鮮花，雖然轉眼便會凋謝，但依然不停地綻放，碧玉般的溪水，雖然映照著同樣蔚藍如洗的天空，卻每時每秒都在發生變化。

世界是美麗的，但所有的美麗似乎都會轉瞬而逝。這也許會讓人傷感，但生命的意義的確在於過程。時間像一支離了弦、永不落地的箭，是單向的，不能回頭，所以我們要把握住現在，認真地活在當下。能夠抓住瞬間消失的美麗，就是一種收穫。

從前，有個小和尚每天早上負責清掃寺廟院子裡的落葉。

清晨起床掃落葉實在是一件苦差事，尤其在秋冬之際，每一次起風時，落葉總隨風飄落。每天早上，小和尚都需要花費許多時間才能清掃完落葉，這讓他頭痛不已。他一直想要找個好辦法讓自己輕鬆些。

後來，有個和尚跟小和尚說：「你在明天打掃之前先用力搖樹，把樹葉統統搖下來，後天就可以不用掃落葉了。」小和尚覺得這是個好辦法，於是，第二天起了個大早，使勁地搖樹，他想，這樣他就可以把今天跟明天的落葉一次掃乾淨了。那一整天，小和尚都非常開心。

可是第二天，小和尚到院子裡一看，不禁怔在原地。院子裡如往日一樣落葉滿地。這時候，老和尚走了過來，對小和尚說：「傻孩子，無論你今天怎麼用力搖，明天的落葉還是會飄下來的。」

小和尚終於明白了，世上有很多事是無法提前預支的，無論歡樂與愁苦，唯有認真地活在當下，才是最真實的人生態度。

明天的落葉，怎麼能在今天全部掃乾淨呢？

再勤奮的人也不能在今天處理完明天的事情，所以，不要預支明天的煩惱，認真地活在今天，比什麼都重要！放下過去的煩惱，捨棄未來的憂思，順其自然，把全部精力用來承擔眼前的這一刻，因為失去此刻便沒有下一刻，不能珍惜今生也就無法嚮往未來。

曾有人問弘一法師：「什麼是活在當下？」

弘一法師回答說：「吃飯就是吃飯，睡覺就是睡覺，這就叫活在當下。」

仔細想來，人生最重要的事情不就是我們現在做的事情嗎？最重要的人不就是現在和我們在一起的人嗎？而人生最重要的時間不就是現在嗎？

那些張惶失措的觀望，心無定數的期盼，除了妄想以外，幾乎不能給人們帶來什麼快樂，反倒是那些懂得路在腳下的人，往往能夠踏踏實實地走好每一步。

一位老禪師帶著兩個徒弟，提著一盞燈籠行走在夜色中。一陣風吹來，燈籠被吹滅了。徒弟擔心地問：「師父，怎麼辦？」師父淡淡地說：「看腳下！」

是的，當一切變成黑暗，後面的來路與前面的去路都看不見、摸不著的時候，我們要做的就是，看腳下，看今朝！

法律不會去管那些小事情

法律上有一句名言：「法律不會去管那些小事情。」

一個人有時偏偏為這些小事憂慮，始終得不到平靜。

荷馬・克羅伊是個寫過好幾本書的作家。以前他寫作的時候，常常被紐約公寓熱水燈的響聲吵得快發瘋。蒸氣會砰然作響，然後又是一陣「嗶嗶」的聲音，而他會坐在他的書桌前氣得直叫。

「後來，」荷馬・克羅伊說：「有一次我和幾個朋友一起出去宿營，當我聽到木柴燒得很響時，我突然想到：這些聲音多像熱水燈的響聲，為什麼我會喜歡這個聲音，而討厭那個聲音呢？我回到家以後，跟自己說：『火堆裡木頭的爆烈聲，是一種很好的聲音，熱水燈的聲音也差不多，我該埋頭大睡，不去理會這些噪音。』結果，我果然做到了，頭幾天我還會注意熱水燈的聲音，可是不久我就把它們都忘了。」

平銳克里斯在兩千四百年前說過：「來吧，各位！我們在小事情上耽擱得太久了。」一點也不錯，我們的確是這樣子的。

下面是傅斯狄克博士所說過的故事裡最有意思的一個——是有關森林裡的一個巨人在戰爭中怎麼樣得勝、怎麼樣失敗的故事。

在科羅拉多州長山的山坡上，躺著一棵大樹的殘軀。自然學家告訴我們，它曾經有四百多年的歷史。初發芽的時候，哥倫布剛在美洲登陸，第一批移民到美國來的時候，它才長了一半大。

在它漫長的生命裡，曾經被閃電擊過十四次；四百年來，無數的狂風暴雨侵襲過它，它都能戰勝它們。但是在最後，一小隊甲蟲攻擊這棵樹，使它倒在地上。那些甲蟲從根部往裡面咬，漸漸傷了樹的元氣。雖然牠們很小，但持續不斷地攻擊。

這樣一個森林裡的巨人，歲月不曾使它枯萎，閃電不曾將它擊倒，狂風暴雨沒有傷著它，卻因一小隊可以用大拇指跟食指就捏死的小甲蟲而終於倒了下來。

我們不都像森林中的那棵身經百戰的大樹嗎？我們也經歷過生命中無數狂風暴雨和閃電的打擊，但都撐過來了。可是，卻會讓我們的心被憂慮的小甲蟲咬噬——那些用大拇指跟食指就可以捏死的小甲蟲。

要想解除憂慮與煩惱，記住規則：「不要讓自己因為一些小事煩心。」

不是所有的事情都要立刻解決

面對抉擇時，你經常發生什麼樣的情況？是快速挑選一個來面對，還是始終猶疑，難下決定？

有一些人遇到急事、要事、煩心事、危難事，總是巴不得速戰速決，立馬見分曉。然而，往往當時感覺不錯的決定，時過境遷，或者才隔了一個晚上，便又幡然醒悟，深為自己的魯莽而後悔，為彼時的衝動而自慚。須知，有些事通過自己的追加行為，或許能將功補過、破鏡重圓、從頭再來。有些事，卻是一江春水向東流，過了這個村沒有那個店，只能徒喚「逝者如斯夫」。

吾生也有涯，而知也無涯。一個人窮其一生，也不可能萬事萬物皆知曉。大多數人面對突發事件，容易意氣用事，抑或憑藉慣常思維行事，看似有的放矢、對症下藥，卻難免掛一漏萬，攻其一點不及其餘。

方知此時，需要壓制情緒、平息怒氣，遏制衝動、平復思緒。你只有冷靜看待事物發生發展的全貌，全面分析矛盾產生和爆發的前因後果，才能知己知彼。既分清各自應承擔的責任，又找到有效解決矛盾問題的方法途徑。

冷處理，並非刻意行事遲疑、行為保守，與遇事寧當「稻草人」，甘做「縮頭烏龜」有著本質區別。它的指向仍是處理，而不是任由事情冷下來，只是告訴人們，生活有許多事都是急不得的，不是所有的問題都要立刻解決。你在勇敢面對問題的同時，也要有冷靜的思考智慧。

放不下，就什麼也得不到

這個社會很現實，它不會由於某種原因而眷顧人們，相反地，卻會「設置」許多障礙來「逼迫」人們，逼迫人們交出權力、放走機遇、拋棄真情。倘若不這麼做，那麼生活就很難繼續下去。所以，學會放棄，才能成為真正的強者。

法國哲學家、思想家蒙田說過一句話：「今天的放棄，正是為了明天的得到。」是的，放棄並不意味永遠地失去，它只是為了以後鋪路。只有放下，才能得到更多。執著是強者的姿態，但放棄才是智者的瀟灑，很多時候，執著往往帶來傷害，而放棄卻可以綻放另一種美麗！

「拿得起，放得下」是生活的真諦，「拿得起」是一種選擇，「放得下」則是一種更高境界的選擇，很多人終其一生都無法參悟其中的道理。事實也證明，成功總是青睞於那些懂得適時放棄的人。

生命的過程，是一個不斷拿起和放下的過程，每個人都需要拿起一些東西，放下一些東西，拿起也許僅僅需要一些蠻力或一股激情，但放下卻有太多的不甘、不捨、無助和無奈。其實每個人心裡都知道自己真正應該拿起什麼，應該放下什麼，可偏偏很多人在拿起和放下之間徘徊不定、猶豫不決，最終既沒有拿起該拿的，也沒有放下該放的。

拿得起是一種令人敬佩的勇氣，而放得下則是一種難能可貴的超脫；拿得起是博大精深的智慧，放得下是意味深遠的哲學；拿得起是一種挑戰，放得下則是一種安慰。

為什麼有些人活得輕鬆自如，有些人前進的腳步越來越沉重？因為前者懂得放下，他知道什麼才是自己最需要的，而後者得到一樣東西便死死抓住，決不罷手，肩上的包袱越來越多，腳步自然會越來越沉。能成大事者懂得如何放棄，只有學會放棄，才能輕裝上陣，擺脫無謂的糾纏。更重要的是，放棄可以讓一個人變得胸襟開闊，從而贏得眾人的尊重和信任。不過在實際行動中，「拿得起」很容易，「放得下」就難了。

一場戰爭過後，大街上硝煙瀰漫，此時軍隊已經撤走。一位商人和一位農夫來到了街上，企圖能夠找到一些值錢的東西。他們驚喜地發現了一大堆還沒有被燒焦的羊毛，於是兩個人便各自分了一半捆在背上。

在回去的途中，他們又發現一些布匹。農夫想了想，就將自己身上背的羊毛通通扔掉，選了一些扛得動的上好布匹。可是商人卻十分貪婪，他不僅捨不得丟下自己的羊毛，還將農夫丟下的羊毛和剩餘的布匹統統撿起來。毫無疑問，這些東西壓得商人氣喘吁吁，而農夫則顯得十分輕鬆。

走了一段路後，他們又看到了一些銀質的餐具。農夫又將身上的布匹都扔掉，撿了一些較好的銀具背上。此時的商人早已累得直不起腰來，他也很想再拿一些銀器，可又捨不得已經到手的布匹和羊毛，只好作罷。

此時，天空突然下起了大雨，商人身上的羊毛和布匹被雨淋濕後，變得更加沉重，令商人不堪重負，最後摔倒在泥濘當中。而農夫滿心歡喜地回到了家，將銀器變賣，過上了富足的生活。

商人和農夫之所以有不同的結局，就是因為商人只懂得拿起，卻不懂得放棄，而農夫顯然是這方面的高手，他知道如果不放棄就不能得到更好的。

其實，他們這一路的過程不就和人生路一樣嗎？一路走來，人需要面對的誘惑實在是太多了，假如你樣樣都想要，日子就會過得不開心，當你背負了過多的行囊時，便違背了生命最初的意義。相反，若是該放下的時候就放下，就會輕鬆快樂地過一生。

千百年來，人們總是在嘲笑那些死死地抓住一些東西不放的人，可是自己又何嘗不是在扮演這樣的角色呢？其實，人生並非只有一種風景，當你失意的時候，或許別處的風景會更加吸引人。固然，堅守之前的道路並無過錯，但你總要試著為自己開闢更多的道路。放下從前，才能開始現在，不是嗎？

執著於該執著的，放棄那該放棄的，這無疑是人生當中的一件幸事。貪圖小便宜，終究是要吃大虧的。所以，學會放下吧！放下無謂的名利之爭，放下難言的屈辱經歷，放下對夕陽的留戀，放下對春光的感懷……倘若什麼都不願意放棄，你便什麼也得不到。

測試　你是否處於焦慮狀態？

現代社會充滿機遇與挑戰。在這樣的環境中，人要保持一份豁達與從容的心態似乎很不容易。很多人都渴望擁有並保持一種寧靜的心態，然而焦慮卻常常把他們包圍。你時常感到焦慮嗎？哪些表現說明自己正處於焦慮狀態？

下面是有關焦慮一般症狀的問題，分為五個部分進行測試，每題設有五個選項：

Ⓐ沒有　Ⓑ幾乎沒有　Ⓒ有時　Ⓓ經常　Ⓔ總是

請你根據自己最近一周的情緒狀況選擇合適自己的選項。

第一部分：活動方面

1.完全失去對社交活動的愛好和興趣，覺得它們似乎太耗精力；
2.對閒置時間自己該做什麼，一點也沒有底；
3.經常去做一些難以完成的事情；
4.因為要做的事太多，感到不知所措和失控。

第二部分：感覺方面

1.覺得一天當中很少有自己的時間；
2.感到不被家人賞識；
3.時常有一種莫名其妙的不滿和氣憤；
4.經常在尋求別人的恭維和誇獎。

第三部分：胃口方面

1.緊張或焦慮使自己不思茶飯；

2.靠吸煙或喝咖啡來支持自己；
3.想用巧克力和其他糖類來應付焦慮；
4.有噁心、腹痛或腹瀉的症狀。

第四部分：睡眠方面

1.經常失眠；
2.睡了整整一夜，但是仍然感到沒有休息好；
3.在晚上，不想睡覺的時候睡著了；
4.需要長時間的午睡。

第五部分：觀念方面

1.失去了幽默感；
2.情緒急躁易怒；
3.對未來很悲觀；
4.覺得自己麻木，無動於衷。

評定標準

以上各題選Ⓐ得0分 Ⓑ得1分 Ⓒ得2分 Ⓓ得3分 Ⓔ得4分

測試結果

20分以下：表明你存在焦慮情緒；
21～40分：表明你有輕微的焦慮情緒；
41～60分：表明你有中等程度的焦慮情緒，應該設法放鬆；
61～80分：表明你處於極大的焦慮中，必須對生活加以重新調整。

第三章　肢體語言：別在不經意間透露深藏的你

消極否定的身體語言出賣了你

我們的各種消極感情，包括不愉快、厭惡、反感、恐懼和氣憤等，都可以在我們的臉部表現出來。這些情緒會讓我們緊張，因此，我們可以通過一些線索發現這些情緒：顎肌緊縮、鼻翼擴張、瞇眼、嘴巴顫抖或嘴唇緊閉（嘴唇好像沒了一樣）。如果能夠進一步觀察，你還會發現，緊張的人目光焦距是鎖定的，脖子是僵硬的，頭一點都不會偏。一個人可能嘴上說自己不緊張，但是他身上的這些線索卻能表明，他的大腦可能正在處理一些消極的情緒問題。

當一個人心煩意亂時，這些非語言信號就會出現，它們可能一目瞭然，也可能有點模糊和短暫，還可能會持續上幾分鐘或更長時間。有時候它們發生得很微妙，有時候是在故弄玄虛，有時候卻只是被忽略了。

人們常常口中甜言蜜語，臉上卻顯示出各種消極的非語言信號，所以，我們要記住一點，人們常常會隱藏他們的情感，不仔細觀察，就無法發現這些線索。

另外，面部線索可能稍縱即逝，尤其是我們所說的細微姿勢，它們是很難被發現的。在一段隨意的談話中，這些微妙的行為可能意義不大，但是，在一段重要的人際**（可以是情侶間、父母與孩子間、商務夥伴間或面試雙方間）**交流中，這些看似微不足道的緊張信號，就很可能反映出更深層次的情感衝突。

由於我們的意識大腦可能會試圖演示我們的邊緣情感，所以，我們要抓住任何到達表面的信號，因為它們很可能會產生反映一個人內心深處的思想和意圖，這種反映通常具有很高的準確度。

下面，是一些典型的表示消極否定的身體語言及其具體體現。

（1）沒有興趣、興味索然

如果一個人的瞳孔在不知不覺中慢慢縮小，可能是因為他對自己目前所處的環境或相關的人不感興趣。而一個看起來全身放鬆的姿勢也會洩露出一個人的漠不關心，比如，悠閒地坐著，一副若無其事的樣子，一條腿懸在椅子扶手上晃來蕩去。

當兩個人談話時，其中一個人不注意另一個人在說什麼的時候，他或者會瞥向一邊，看著說話的人的時間可能比看向其他方向的時間要少得多，或者轉動頭部，將腦袋從說話人處不斷地轉向別的地方，又或者會對說話人的言辭和評論做出一邊嘴角上揚的反應，露出不對稱的「壞笑」。

（2）無聊和厭倦

人在坐著的時候如果因為枯燥乏味的談話，或沉悶、無趣的電視節目而感到百無聊賴時，會呈現出一些洩露實情的姿勢，將他們內心的真實感受和情緒表露出來。比如，頭時不時地轉向一側，或用手支撐頭，身體變得越來越彎曲；頭完全由一隻手來支撐著；身體向後傾斜；雙腿充分伸展；如果想努力讓自己看起來不那麼百無聊賴，身體可能會向前傾；如果極度無聊，這個人可能會閉上雙眼，或者垂著頭。

此外，兩隻手連扣在一起，兩根拇指下意識地相互繞著迴圈打圈；或手指的指背來回地撫摸臉頰，就好像在感受臉上的胡茬一樣；或測量想像中的鬍鬚，借此暗示說話的人一直在那裡喋喋不休，時間長得足以長出長長的鬍鬚；或一隻手的手指朝下，拇指對著身體，表明某個人的談話會讓他們消化不良……這些頗具特色而又形象生動的身體姿勢和動作，都在無聲地訴說著無聊和厭倦。

（3）不耐煩

失去耐心往往通過坐立不安的動作或撫弄動作表現出來，其中涉及到手指、大腿或腳。如一個人在坐著的時候，可能會用手指快速而連續地敲擊桌子或椅子的扶手，表示他的不耐煩。而當一個人站立的時候，則可能會張開手反覆地輕拍大腿的外側。如果那個不耐煩的人是蹺著二郎腿坐著的，那麼他可能會晃懸起來的那隻腳。

（4）不相信

在世界的不同地區，人們用各自的方式表明他們不相信某個人告訴他們的事情。

猶太人經常將一隻手展開，手掌向上，另一隻手的食指指向掌心，此舉意味著：「如果你說的事情真的發生了，那麼我的手就會長出草來。」

而在南美洲，表示不相信的姿勢是用食指上下反覆撫摸喉嚨，這個動作表明，來自於那個朋友喉嚨的言辭都是廢話。

不過，如果一個美國男人不相信你的話，他可能從大腿處抓住一隻褲腿，然後小心翼翼地往上提，就好像剛剛踩了一堆糞便一樣，借這種開玩笑的方式表明別人剛剛告訴他的事情就好比一大堆糞便，完全不值得相信。

（5）表示「不」

人們有許多表示「不」的姿勢，比我們想像的要多得多。

最熟悉的當屬搖頭。將頭從一邊轉向另一邊，這種說「不」的方式起源於嬰幼兒時期，嬰兒不想再繼續吃奶就會將頭轉向一邊，躲開媽媽的乳房，這個姿勢在全世界範圍內都存在。

排名第二的就是搖手。一隻手上舉，手掌朝外，從一邊迅速地向另一邊搖動。在做這個手勢的同時，人的臉上沒有微笑，還可能會隨之搖頭。在這一姿勢的「誇張」版本中，雙手交叉，掌心朝外，置於胸前。而日本人表示「不」的時候則會舉起右手，將手向側面轉，放在臉部前方，同時，從一邊向另一邊揮動前臂和手。

（6）隱藏式表示不贊成

某個人如果反對他人的觀點，但又不方便說出來，作為代替，他可能用沉默，或看起來與手頭事情毫無關係，且沒有意義的動作來顯露出這種消極否定的情緒和感受。

當傾聽者不贊成或不同意的時候，他可能會在衣服上輕輕地撕拉，就好像要消除微小的線頭一樣，他可能會盯著地板看，而不是注視著說話的人。這些細微的動作，揭示出他懷有許多沒有說出來的反對意見和理由。

一個愛挑剔或不滿的傾聽者則很有可能低著頭，這個看起來像是無意間做出來的動作，卻表明傾聽者不喜歡或不同意說話者所說的內容。

當一個人百無聊賴地坐著時，他可能會頻繁地揉眼睛，或者揪拉眼皮。可以說，這些不滿的姿勢給予大腦回饋，強化並延長了愛挑剔和不滿的情緒狀態。

如果這個不滿意的人是坐著的，那麼，他很有可能呈現出所謂的「封閉式姿勢」——雙臂交叉，蹺著二郎腿，身體保持直挺。

（7）拒絕和反對

在會議或聚會上，如果某個人被其想極力回避的人強拖住談話而感到厭煩的話，他很有可能會給出更加明顯的拒絕信號，而並非僅僅表現出沒興趣。一旦你看到某人做出下列動作和姿勢，便要意識到自己可能遭到了拒絕和反對：面無表情，打著哈欠；板著臉、噘著嘴，或者嗤之以鼻；目不轉睛地凝視著中間距離的某個點，這樣一來，另一個人就無法和他視線相對，也就難以將談話繼續下去；坐立不安，撥弄手指，或剔指甲，或剔牙，或者將指關節弄得喀喀作響；厭煩地搖頭，或公開地表示不同意；側身，將頭扭向一邊……

（8）共用負面訊息

當兩個朋友想要分享關於某個人的負面訊息或負面意見的時候，他們往往會使用一些姿勢和動作，不讓其他人知道他們在說什麼。人們用不同的動作來暗示與另一個人串通、懷疑或蔑視另一個人，以及做出有損人格或侮辱的評論。

最常見、運用最廣泛的是眨一隻眼睛示意，這是許多歐洲人、北美人、部分亞洲人常用的方式，以此表明他們都知道一個秘密（或者小把戲）。

用食指輕輕按鼻子的一側，意味著「保持安靜，不要聲張——這事只有我們兩個人知道」。與眨眼示意一樣，這個動作並不一定就意味著兩個人共用的秘密就是大非大惡的，也可能是搞笑的小伎倆。

用食指敲擊鼻子的一側，這個動作是提醒另一個人，某人好管閒事，愛追問個不停。

而轉動眼珠，露出大部分眼白，並揚起眉毛，則意味著在默默詢問：「你會相信這件事嗎？」或者，當一個健忘的人又開始重複那個他講了千百遍的趣聞軼事時，這個動作表示：「哦，看啊，他又開始了……」

習慣性小動作展露你的緊張

不知道你是否注意過，人們處於緊張的狀態時，總是會下意識地做出一些習慣性的小動作，而這些小動作也能夠洩露很多有用的訊息，從而成為展露你內心緊張的身體語言信號。

（1）清喉嚨

很多人都有過這樣的經歷，當準備開始比較正式隆重的演講時，喉頭會忽然緊閉以致發不出聲音，那是由於不安或焦慮使喉頭中形成黏液，阻塞了聲道。為了使聲音恢復正常，就必須先清喉嚨。有些人因為不時地清喉嚨，被別人視為一種怪癖，其實只是緊張的緣故。所以，說話時不斷清喉嚨、變聲調的人，表示他們非常緊張、不安或焦慮。這裡有生理上的原因，由於不安或焦慮的情緒，喉頭便形成黏液，促使你先清清喉嚨，使聲音恢復正常。

但更多情況下，清喉嚨已經不再是生理上的需要，而是為了安撫自己緊張的內心。比如，被老闆突然點名發言的人，下意識地用清喉嚨來為自己贏得更多的思考時間，以便整理出一套說辭。通常情況下，說話不斷清喉嚨、變聲調的人，如果不是疾病導致，就是因為他們有所不安或焦慮，正在尋求信心。

男人這樣做要比女人多，而成人又比兒童多。小孩子或許會吞吞吐吐地說「啊」，或者習慣性地說「你知道」，但是他們通常不會清喉嚨。成年男子若是有意清喉嚨，就可能是在對別人提出一種非語言的警告。但無論是有意還是無意地清喉嚨，這種姿態都可以很清楚地傳達出一個人的心理狀態。

（2）用手拽衣服邊

用手拽衣服的姿勢，說明了說話的人對自己說出來的話毫無把握，並且自己處於一種情緒緊張的狀態之中。許多父母都熟悉這個姿勢，當小孩子們回答一些他們不確定的問題而神情緊張時，就常會有這種反應。如果手上沒有拿任何東西，他就會一邊回答，一邊用手拽衣服的邊。

（3）抽煙

當一個人在抽煙時，如果心情忽然變得十分緊張，就會熄掉香煙或者把它擱在煙灰缸上任其燃燒，直到緊張解除為止。緊張焦慮的抽煙者可能會一直用香煙敲擊煙灰缸，將煙灰彈落。而用煙斗抽煙的人可能會延長清理煙斗、裝煙絲、點著煙斗的例行過程。

（4）坐立不安

在感覺壓力或無聊的情況下，人們常會在椅子上坐立不安，一直到覺得舒服了為止。其實，問題不在於椅子舒服與否，而是當時所處的環境和情況令人不舒服。

除了以上這些小細節表示內心緊張外，一些其他的細節動作也能表達同樣的意思，比如，當一個人感到焦慮不安時，會不斷地調整錶帶，翻查錢包，雙手緊握，擺弄衣袖，或是做任何可以使雙臂在胸前交叉的動作。手機成為通用品以後，你也許經常見到在公眾場合擺弄手機的人，那些經常會沉默地去擺弄手機的人，多數是借此掩飾自己的某種不適。

此外，公事包也是一種保護屏障，可以成為用來安撫內心的工具。比如，在舉行商務會議時，那些缺乏安全感的職場男性通常會用手提公事包，或是將資料夾抱在胸前等方法，在自己的胸前構築一道有形的防線，來掩飾內心的緊張或不安情緒，從中獲取某些安全感。

為什麼你仍然會被騙？

人們往往很得意於自己能夠識破他人的謊言，特別是在那個撒謊者是他們很熟的人的時候。你聽過多少次母親告誡孩子永遠不要對她撒謊，因為她「太熟悉這些謊言了」，或者一個年輕人聲稱他女朋友永遠瞞不過他，因為他能完全「看透她」？實際上對「識破謊言」的研究表明，無論那位母親還是那個年輕人也許都錯了，因為人們只能發現他們遇到的百分之五十六的謊言，可能略低於你的預期。研究還發現，即使人們越來越熟悉，識破對方謊言的能力並沒有相應提高，有時甚至更差。

造成這種狀況的原因多種多樣。其中之一是隨著人們越來越熟悉，他們對自己識破對方謊言的能力更加自信。儘管如此，準確度卻沒有相應地增加——通常只是他們的自信增加了而已。而且，當人們更加瞭解對方的時候，他們可能在自己的分析能力中加入了更多感情的因素，這也限制了他們識破對方的能力。最後，因為每個人都已經知道別人正在尋找何種類型的跡象，所以他們能夠調整自己的行為，來減少被識破的機率。

人們很難識破謊言，還有其他一些原因。

（1）臨界值的設置

個人對於謊言流行程度的假定，能夠決定他們識別撒謊者與誠實者的能力。那些非常信賴他人的人希望他人不會欺騙自己，所以可能把自己的識別臨界值設置得非常高。結果他們能準確地識別誠實的人，但不能識別撒謊者。高度懷疑別人的人可能有相反的問題——因為他們把臨界值設置得很低，不費力氣就能識別大多數撒謊者，但卻不能識別說真話的人。某些政客就是極好的第二類情況，他們總把自己的謊言識別器的臨界值設置得非常低。他們能成功識別撒謊者，原因在於他們認為每個人都在撒謊！

（2）直覺

研究發現，與把判斷建立在跡象的基礎上相比，依靠直覺識別謊言的人，其準確性更低一些。甚至說到識別騙局，直覺通常是障礙而不是幫助。

（3）多重原因

人們往往錯誤地認為，只有特殊的動作才是識別欺詐的線索。例如，有時候人們假定，說話時摸鼻子的人不由自主地洩露了一個身體語言，這個姿勢是撒謊的信號，不是別的。這些假定忽視了一個事實，行為和言語有時候能提供謊言的線索，但有時它們提供的是與謊言無關的一種精神狀態的線索。測謊器測量呼吸、心率和手心出汗，所有這些都是表示人們情緒波動的指標。人們在感到焦慮的時候，呼吸就會加速，心率就會提高，手掌就會冒汗。人們在撒謊時，通常感到焦慮，他們的焦慮可以被測謊器測出。然而，有時候人們在感到焦慮時並沒有撒謊，在撒謊時並沒有感到焦慮，這兩種情況是一樣多的。

（4）找錯方向

人們不能識別謊言，因為他們在錯誤的地方尋找線索。人們注意的，往往是他們認定對方露出馬腳的部分。如果你問一問，人們何以知道某人在撒謊，他們常常提到閃爍的眼神或者心不在焉地玩弄手的動作。人們提到的另一些不誠實的信號是微笑、快速眨眼、長時間的停頓、說話太快或太慢。羅伯特・克勞斯和他紐約哥倫比亞大學的同事們把人們用來識別謊言的記號同真正的謊言相關的記號加以對比，他們發現，兩者很少重疊。

如果你想洞悉他的謊言，但又做不到單刀直入，開門見山，或者是拿不準讓他生氣後是否還可以維持你們的友誼，那麼，你不妨按兵不動，細心觀察。

（1）攻其不備——一個人極為開心的時候，會得意忘形。你先不要點破，讓他沒有戒心。等到哪天他極為開心時，突然攻其不備地發難，保證他會馬失前蹄，露出謊言的真相。

（2）指天為誓——這個方法很古老，卻也很簡單有效。大部分中國人相信發假誓會得到報應。當你懷疑對方說謊時，若以開玩笑的口氣說：「我不信，那你發誓！」對方如果躲躲閃閃，甚至還亂發脾氣，恭喜你，那八成是確有其事。

（3）留意小動作——根據心理學理論，一個人說謊時常會有不自主而固定的小動作出現。諸如眼神向右前方看、摸摸鼻子、摩擦雙手、眨眼、流汗、說話結巴等等，只要經過長期而細膩的觀察，必定知道他是不是個十足的說謊者。

（4）一個謊記得住，十個謊露馬腳——說謊會成為一種習慣，養成習慣後就會謊話連篇。除非他是個天生的大騙子，不然，一個謊容易掩飾，但謊言太多，以謊圓謊，就連撒謊的人自己都搞不清楚自己說過些什麼。你只要隨便「抽查」一件他說過的事，保證他會露出馬腳。只不過，在探話時，要有點技巧，別讓他產生戒心。

（5）問他的朋友——男人最典型的說謊方式，就是用許多根本不存在的藉口來忽悠你，而且十之八九都跟他的朋友有關。說謊，一定會含有「虛構」的五大要件：人、事、時、地、物，而只有「人」這個要件存有線索可以追查。他的謊話一出，你立即詢問構成這個謊言的當事人，十之八九都還來不及套招。

（6）出勤狀況不佳——如果他行跡詭異，隔三岔五就突然消失一下，或是遲到的情況越來越嚴重，很可能就是刻意隱瞞什麼事情。

（7）收不到訊號的愛情——通信設備狀況頻頻，愛情之路必定隱藏危機。如果他的通信設備經常出狀況，就得小心彼此的距離是否越拉越遠了。這說明他一定是有所隱瞞，而且事態已到了有點嚴重的地步了。

（8）心不在焉，喜怒無常——這世上沒有人喜歡說謊，所以，謊言一出，任何人都會害怕在不經意間被識破。因此，許多人說謊時難免會變得吞吞吐吐，有的人可能還會藉故跟你發脾氣，轉移你的注意力，讓你緊張或愧疚地忘記他的小狀況。如果你還以為他最近的陰晴不定是因為工作壓力太大，那小心最後哭的人是你！

（9）個性改變——個性的暫時轉變，也是說謊的徵兆之一，這表示他的心裡藏著秘密。

是真自信還是假自大

站立是人們生活交往中的一種最基本的舉止，是生活靜力造型的動作。那麼，在生活中，這些站姿代表的其實並不僅僅是一個姿勢，它還能反映出一個人的性格以及對他人的看法。

（1）代表自信的站姿

一個充滿自信的人站立的姿勢是這樣的：背脊挺直、胸部挺起、雙目平視，給人一種豁達樂觀、器宇軒昂、高瞻遠矚的感覺。脊背挺直是告訴外界自己有強健的體魄，任何困難都壓不倒自己；胸部挺起，是告訴外界自己充滿了信心，做好了挺身而出的準備；雙目平視，是告訴外界自己的理想在遠處的地平線，就算是前面有暴風驟雨，自己也會風雨兼程。自信的人性格開朗、落落大方、心胸豁達，是結交朋友的不錯選擇。

（2）代表隨和的站姿

一個性格隨和的人，站姿也是隨和的，他們經常雙腳自然站立，左腳在前，左手習慣放在褲兜裡。這種人的人際關係較為協調，平常嘻嘻哈哈，厭惡勾心鬥角，他們從來不把給別人出難題當作一種樂趣。同時，當他們遇到別人給出的難題時，總會想辦法合理地解決，或者乾脆再把問題推回去，所以，這種人是可以信賴的。

需要注意的是，性格隨和並不代表著軟弱可欺。無傷大雅地開他們的玩笑，他們會一笑了之，但如果不小心觸動了他們內心最深處的東西，他們照樣會大為光火，長久壓抑在心底的怒氣一旦發作起來，威力不可小覷。

（3）代表無所謂的站姿

我們在和對方交談的時候，對方雙手交疊放在自己的前面，眼睛看著我們，臉上帶著微笑，我們一定會以為自己的話語打動了對方，但實際上根本就不是那麼回事兒！對方這種站姿，說明對方根本就沒有在意我們說的話，只不過出於禮貌在敷衍而已。不信，有一個很簡單的辦法可以驗證：請對方做出一個重要的決定，他會說：「哦，現在？對不起，我要和我的合夥人商量一下！」

（4）代表另類的站姿

人的性格多種多樣，有一種人的性格特別另類，這種人具有強烈的自我表現欲望。在公共場合，他們特別願意成為大家視線的焦點，為了實現這一目標，他們甚至不惜做出一些過火的舉動來。這樣的人在社交場合看似如魚得水，但實際上真正的朋友並不多，更多的時候，別人是在和他逢場作戲。要發現這種性格另類的人並不困難，除了衣著、髮型、言談舉止等與眾不同外，他的站姿也和別人有很大的區別：雙腳自然站立，每隔一段時間，就習慣性地抖動一下雙腿，雙手十指相扣在腹前，大拇指相互來回搓動。

（5）代表萎靡的站姿

人總有遇到困難和挫折的時候，前途的不順利會導致人的精神狀態萎靡不振，這是可以理解的，但是我們必須儘快從這種萎靡中解脫出來，鼓起勇氣，去迎接新的挑戰。如果我們在困難挫折面前只會怨天尤人，那麼我們將陷進萎靡頹廢的深淵裡去。

長時間的萎靡頹廢，會讓人形成彎腰駝背的站姿，整個人的腰是彎曲的，這是由於內心的消沉和封閉造成的。一旦有一天他走出了這種萎靡的狀態，連他自己都不會想到自己彎了很長時間的腰會一下挺直起來。

當我們面對著一個彎腰駝背、唯唯諾諾的人的時候，我們的交流方式要更加細心、溫和，要通過精心設計的交談進入他封閉的內心世界，要通過溫和的話語鼓勵對方擺脫消沉，只有對方走出了這種萎靡的精神狀態，我們和對方的合作才有可能變得有效而真誠。

（6）代表憤怒的站姿

一個人憤怒的時候，他的身體會朝前傾，脖子也會朝前伸出去，恨不得把自己面孔所有細微的變化都讓對方看個清清楚楚。這個時候，他的怒火已經積蓄到了一定的程度，只需要一個火星，他就可以暴跳起來。如果這時他的雙拳緊握，手臂微微發抖的話，那麼一場肢體衝突就難以避免了。

有的人憤怒的時候，表情也許不會變化這麼強烈，他可能會雙手交叉抱於胸前，兩腳平行站立，你不要以為這是一種平和的表現，實際上，對方這種站姿具有強烈的挑戰和攻擊意識。這種人本性裡就帶著好勇鬥狠的基因，他們更喜歡體會擊敗對方帶來的快感。

（7）代表呆板的站姿

性格呆板，站姿同樣會不自然，這種人的站姿通常非常正規，遠遠看去像是個軍人，但近距離觀察，你就會發現：其實他這種貌似正規的站姿裡根本沒有精氣神，也就是說，他只有一個軍人站姿的外殼，卻沒有軍人的氣質。

這種人的個人意識比較強，通常會認為大家都不如自己，在對待問題的看法上也比較偏頗，常常把事情簡單地歸結到是非、黑白、對錯、好壞兩個方面，拒絕承認中間狀態的存在。和這樣的人交往的時候，如果想儘快拉近和他們的距離，不妨從清潔、明快的交往環境和教科書般的辦事程序入手，這樣容易獲得對方的好感。

以上就是我們常見的幾種站姿代表的不同的性格特點，需要注意的是，隨著對方的心理發生變化，這些站姿會交替出現，這也是人性格善變造成的，需要我們根據現場的具體情況，調整自己的交際策略。

有關「坐立不安」的那些事

有一位著名舞蹈家曾經說過這樣一段話：「舞蹈中，腰部始終保持在與地板平行線上移動，是舞蹈的基本要領之一。這樣，才有可能給觀眾帶來安定感。」換句話說，舞蹈是憑藉著腰部的穩定，而表現出精神上的安定感。所以，腰部的作用不僅僅限於肉體上，也擔負著支持精神的角色。也可以這樣說，腰部是表達人類精神語言的一個媒體。

比如，用低姿態待人，不僅僅解釋為身體的腰圍部位放低的意思，更有精神上居低下位置的意義，以之明確表示對他人的「謙遜」。彎腰鞠躬的姿態，就是這一心理的表現。

另外，彎腰的動作也能表現出另一個不同的意義，它比謙虛的態度更進一步，能演變成服從對方的心理狀態。

莫里斯博士曾這樣說過：「人具備著和其他靈長類動物的共同特徵，即用蹲、悲鳴等動作做出基本服從的反應。人把各種服從的表示予以形式化，連蹲的行動本身也演變成了跪伏、叩拜等動作。人把自己的柔弱的形態，呈現在跪下、鞠躬、作揖等禮儀上。人之所以會做出這樣的行動，是為了在居優勢者面前將自己的身體放得更低。相反，人在向他人威嚇時，則用力挺直腰背，盡可能地將自己的身體增高、擴大。」

放低腰部、採取低姿態的動作，表現出了服從對方、壓抑自己的心理。

除此之外，關於腰部的動作也很多。比如，兩手叉腰的動作，常出現在準備上場的運動員身上，這是表示自己已做好了充分準備，打算決一雌雄了。同樣，在爭吵的雙方中，有一方決心向對方一決高下的話，他也會採用雙手叉腰的姿態。

還有些人，他有將雙手拇指插入腰間皮帶部位的動作，這一動作顯示出他要威懾對方。

人在站立時，腰部的動作傳達出了身體的語言，那麼，當人坐下或蹲下身，臀部會「說」些什麼呢？

坐的動作，同樣也因人而異。

有的人會把身子像猛扔出去一樣，一屁股重重地坐下；有的人則慢慢地、輕輕地坐下；有的人在坐下前會拉一拉褲子；有的人會把身子深深地陷在座位裡；有的人只淺淺地坐半個屁股……這種種坐姿，無不坦白地說出了各人的心理狀態。

不管面對的是初識還是熟人，猛然摔坐在椅子上的人，表面上似乎是一副不拘小節的樣子，其實，他的心理狀態和表面上的情況完全相反。這種看上去隨意的態度後面，深深地隱藏著內心的極度不安。這種坐態，出自不願被對方識破真正心情的抑制心理。尤其是面對初次相識的人，這一心理更加強烈。採用此種坐姿的人，在他坐下來以後，往往會表現出心緒不安、不時地移動屁股或心不在焉的神態。

對於那種舒適地深陷在座位中的人，是在向他人表示著自己的心理優勢。因為坐的姿勢是處於人類活動上的不自然狀態，坐著的人必然在潛意識中存在著立即可以站起來的心理。這在心理學上，稱為「覺醒水準」的高度狀態，隨著緊張情緒的解除，該「覺醒水準」會隨之降低。於是，人的腰部逐漸向後挪動，變成身體靠在椅背、兩腳向前伸出的勢態。採用這種坐姿的人，很難一下子就從座位上站起來，這說明，他認為面對他人不必過分緊張，也不必擔憂對方會侵犯自己，他有充分的自信可以統禦對方。所以深陷在座位中的坐態，是在向你發出「優越」的信號。

相反，那些淺坐在椅子上的人，即只坐半個屁股的人，乃無意識地表現出自己居於心理劣勢，而且缺乏精神上的安定感。在對方面前，他處於從屬的地位。

但也有這種情況，他的屁股淺淺地坐在椅子的邊緣，手肘擱在大腿上，雙手鬆弛地懸盪著，採用這種坐姿的人，表現出一種好奇心，覺得正在談的問題很有趣。

當人們心中準備要向對方讓步、合作、購買、接受意見或要征服對方時，就會移動屁股坐到椅子的前端。

有一種俗稱為「猴子屁股」的坐姿，即坐在座位上猶如坐在針氈上一樣不安寧。其實，出現這種情況的問題並不在於座位的好壞，而是此人在精神上感覺到了一定的壓力。當你在聽課或聽報告時，如果內容枯燥無味，就會像猴子一樣坐立不安，但一旦話題變得十分有趣時，這種現象會煙消雲散。

科學家經過一系列的觀察和研究，積累了許多有關「坐立不安」的人的資料，他們發現大部分人坐立不安是由於下列原因：

（1）太疲倦了。

（2）對他人所說的話不感興趣，無法專心地聽。

（3）生理反應告訴他們一個特別的時間已到，比如，午休的時刻已到，該休息了。

（4）他們的座椅不舒服，或有蟲咬等。

（5）他們另有心事。

一個人想做出某種決定時，不但會在座位上坐立不安，而且還會無意識地猛扯褲子。等到下了決心之後，這些動作就會停止。因此，我們可以借此作為標準，判斷出對方是否處在想做決定而尚未做出的時候。

接下來，再看看腹部的身體語言。

漫畫家總是把富翁、領導階層的人畫成大腹便便的形象，這就是所謂的「器宇軒昂」的人。俗話說，宰相肚裡能撐船，人們多以腹大來形容一個人的氣度大，一般來說，氣度非凡的人很少會有縮腹弓背的姿態出現。

大腹便便者，把自己身上最脆弱的部位挺起突出在他人面前，說明他自視優越，對他人不防範，自信、滿足、輕鬆的態度。

反之，採取緊收腹部的蜷縮姿態的人，正被一種不安的、不滿足的、消沉的或沮喪的心情支配著，處於防禦心理狀態。

這裡有一種有趣的現象，當別人對你表示坦率和友善時，則經常會在你面前解開外衣的鈕扣，甚至脫掉外衣，袒露出自己的腹部。專家們觀察後得出結論，在一個商業會議上，當討論者開始脫掉外套時，便可以判斷出，他們所討論的某種協定，有達成的可能。不管氣溫多麼高，當一個商人覺得問題尚未解決，或尚未達成協議時，他是不會脫掉外套的。解開上衣露出腹部，表示該人對對方不存有警戒心理。

就如其他的態度一樣，開放的姿態也會鼓舞其他人產生類似的感覺。我們發現，解開外衣鈕扣的人，達成協議的比率高於不解開鈕扣的人。很多採取防衛姿態的人，會把原先敞開的外衣重新扣上，而對於某些樂於改變心意的人，他會本能地將外衣的扣子解開。

所以說，在跟人交談之中，由解開上衣鈕扣、將腹部敞開的態度，便可以看出他已將防備對方的警戒心完全解除，採取了開放自己的勢力範圍的勢態。

和解開扣子相反的是直接勒緊腹部，這表現在腰帶和皮帶的束法上。比如，重新束緊皮帶和腰帶的動作，可以看作有給自己打氣的意圖。像練武的人一樣，束緊腰帶是為了下腹用力，凝氣於丹田，所以束緊皮帶是為了借此舉增強膽識和意志力，面臨再度的挑戰。

還有一種現象，在久坐的情況下，我們常見某些人不斷地用手整理皮帶，做出放鬆的動作。當然，除了因飽餐而肚子脹的原因外，這種舉動也存在著心理上的因素。當他對那個場合的氣氛感到疲倦時，便會憑藉著放鬆腹部，使自己的精神從緊張或壓抑的狀態中得到解脫。這也可以被看作是放棄了繼續努力的意志，或是向對方宣布暫時休戰的舉動。

處於對立關係中的人們，經過一場勾心鬥角的較量後，一旦達成了協定，為了表示自己有雅量，常常會拍一下自己的腹部。這一動作，常見於中年人身上。

無論男女，在與異性見面時，無意識中身體都會發生變化，對可預想的行動產生相適應的身體狀態。通過仔細觀察我們可以見到此人臉、頰、眼部等處的肌肉都繃緊了，給人一種表情活潑、生動的印象。特別引人注目的是，平時腹部鬆垮的男性，這時緊縮下腹，便全身呈現出一種青春氣息，這即表示，他進入了備戰狀態。

一般的男性在異性面前都會做出這種動作，女性能敏感地覺察到男性的這種無意識的動作，這即所謂的男子漢氣概。所以腹部鬆弛的男人，是不太受女性歡迎的。另外，當一個人強忍著即將爆發的憤怒時，或當他感到強烈興奮之時，腹部會因為呼吸的急促而起伏不停。具有神經質性格的人，或心中有所不安的人，會用手撫摸腹部，按揉腸胃等內臟器官。

肩部的活動最容易引起別人的注目

肩部動作能表達的語言範圍很廣，它表現了威嚴、攻擊、膽怯、安心、防禦、勇毅等多種身體語言的信號。

從生理解剖的角度來看，肩部處於手臂和身體的連接部位，因此能起到縮小和擴大勢力範圍的作用；同時，由於肩部較接近他人的視平線，所以肩部的活動十分容易引起別人的注目。

美國的身體語言專家勞溫博士分析說：「當人在心中積壓了滿腔的不平、不滿而憤怒異常時，他會把雙肩往後縮；聳肩則表示著不安、遺憾或恐怖；使勁地張開肩膀的牽連動作代表著有強烈的責任感；而當自己因為擔負著重大的責任，感到了精神上的沉重壓力時，會無意識地把雙肩向前挺出。」

以上這些肩膀的動作，有些是西方的常見動作，如聳肩的動作，東方人並不慣用；但是，不論有何區別，有一點卻是大家所公認的，即肩部常被看作是象徵著男性尊嚴的敏感部位。

古代武將穿戴的盔甲、現代軍人配戴肩章，都在有意強調肩部，以誇耀自己的威嚴。現代的西裝在肩部填入了墊肩，使肩膀看起來更寬闊厚實，這跟故意地聳起肩頭的動作同屬一理，意在顯示自己的男子漢氣概，並威嚇對方。

既然肩膀顯示著男性的尊嚴，一旦遭人侵犯，對方會做出什麼反應來呢？也許你有過這樣的經驗：在街上行走，不留心踩了他人的腳，只要說聲「對不起」，雙方就會相安無事。要是你猛然撞了別人的肩膀，儘管你趕緊道了歉，對方至少會瞪你一眼，換了你自己，恐怕也會竄起一股無名之火。

男性為了表示自己的男子漢氣概，常常故意把大衣披在肩上。歷來的將軍和統帥，都有肩披披風的裝飾法，這也是為了體現自己的威嚴，擴大自己的勢力範圍，強調自己的統禦權。現代不再時興披風，男人們便有將大衣或西裝上衣搭在一邊肩上走路的舉動，這流露出了其要充分表現男性氣概的心理。凡是把衣服搭在肩上走路的男人，絕對不會採用彎腰駝背、衰弱無力的行走姿勢，他們必定是挺起胸、邁開大步地走著，這種姿態常常出現在中青年男性身上，而老年人很少會採用這種姿勢。

聳起肩膀是為了誇耀自我，縮起肩膀的意義就與它相反了。縮肩是一種縮小勢力範圍的動作，是防禦心理的反應。它表示了身體語言上的「不愉快」「困惑」和「疑慮」。外國人的縮肩動作，除了表達上述意義外，還有「驚愕」和「冷笑」的意味。換句話來說，縮肩說明了這個人對面對的事物提不起精神來，有企圖避開對方攻擊的意味。

兩人在面對面的交談時，如果一方想要避開對方犀利的話鋒，則不宜採用雙肩正面對著對方，承受挑釁的姿勢。這樣的姿勢只會更激怒對方，並在自己的心理上造成重大壓力。在這種情況下，你不如採用斜著一側肩膀面對對方來傾聽其談話的姿勢。

這種用肩膀側對他人的姿勢，既不是正面接受對方的挑戰，更不是一開始就想畏縮逃避的姿勢，而是處於靜觀對方的態度變化的警戒狀態。

如上所述，肩膀的動作無論是在積極的意義上還是在消極的意義上，均能最直截了當地將自我的存在傳送給對方，一個人的肩部是絕對不能輕易讓他人侵犯的部位。然而，如果彼此之間是親密的朋友，卻又另當別論了。我們可以從一個人容許對方侵入自己肩部勢力範圍到何種地步，來確定他們之間的親密程度。

比如，如果他們兩肩相依，或者手與肩互相接觸的話，可以確認這兩人的關係十分深厚。朋友之間在街上相遇，會採取一手搭在對方肩上同行的姿勢，這等於是在說：「老朋友，幹得不錯吧！」「嗯，好極了。你呢，我的好夥伴？」

這一動作如果用在父子或上下級之間，意義也相同。

但在另一種場合，用手拍打對方肩膀，卻有著雙重的意義。比如，當你受到了處分時，或職工被上司勸其辭職之時，也會出現一方拍打另一方肩膀的動作。一方面，這是在說：「我對你是友好的，之所以會做出這一決定，乃是迫不得已。」另一方面，他是借表示同情而拍對方肩膀之機，擅自闖入代表著你男性尊嚴的部位，這是輕視人格的表現。用拍肩膀的動作巧妙地把友好意識和威懾態度結合在一起，可以看作是一種軟硬兼施的行為。

不管怎麼說，肩與肩或手與肩的互相接觸，確實是走向心與心的溝通的第一步。

注意防衛自己的心臟部位

由於人類的直立行走，使胸部最需要保護的心臟部位全面向外暴露，所以從胸部傳達出的身體語言，深深地遺留著自我防衛的本能。在中國古代武士的盔甲上，總要裝上厚厚實實的護心鏡，便是一明顯的例證。

在中國，用手緊貼心臟部位來表達自己的忠誠或可靠，已沿襲成俗。比如，清朝下屬拜見上司的禮儀中，就採用單膝下跪，一手按胸、一手按地的姿勢。歷代的綠林好漢、江湖俠客們遭遇到對手時，為了表示自己無敵意，也總是雙手抱拳於胸前行禮致意。

其實，用手護胸的動作，還暗隱著保護自己的意義。因為既然把自己放在他人的下屬或對等的地位上，在優勢感消失的情況下，我們更有必要注意防衛自己的心臟部位。

男人經常故意採用暴露心臟弱點部位的姿勢，來傳達某種信號。比如，高高地挺起胸脯的姿勢，是在無聲地表示著他的自信和得意。胸脯挺得過分的高，則變成了十分傲慢的意思。對這種過高挺起胸脯的姿態，會使別人受不了，而發出「那傢伙擺什麼臭架子」的怨言。

挺胸而全面暴露自己弱點部位的姿態，說明他完全不把對方放在眼裡，毫不在乎對方可能會發起的攻擊，在精神上他處於絕對的優勢地位；同時，挺胸的舉動也是他竭力擴大自己勢力範圍的一種表示。

通過觀察可以看到，西方的政客、律師等從事專業性工作的人，常會擺出手插入西裝口袋或是兩手按著西裝衣領邊、將胸脯挺起來的姿態，這也是輕視對方，盡可能擴大自己勢力範圍的表現。

總之，挺胸者絕對屬於在力量上、精神上占上風的人。

與挺胸的動作相反的，是雙臂交叉著橫抱在胸前的姿勢。這是一種保護自己身體的弱點部位、隱藏個人情緒以及對抗他人侵侮的姿態。這種防衛的信號，甚至帶有敵意的暗示。

這種雙臂交叉於胸前的姿勢，是日常生活中常見的姿態。這種姿勢幾乎在世界各地都表達著同一種意義——防衛。

這種姿勢，也通常表示著否定和拒絕。有些人自顧高談闊論，沒有留意到自己擺出了抱臂於胸的姿勢，這樣，他的滔滔言論非但不能說服對方，反而會起到刺激對方的作用，使原本願意和他親近的人逐漸疏遠。每當我們發現對方採取這種姿勢時，就表示他想結束這場談話，你應該知趣地收起自己的滔滔長談。

人體胸部的反面是脊背，背部所表達的身態語言，亦是十分精彩的。

從解剖學的角度來看，背部比胸腹部更平，似乎是難以表現人類感情的部位。不但如此，人們為了掩蓋自己的真實感情，不讓他人看清自己的表情，往往採取背轉身子的動作，把一個平平板板的脊背對著對方。難道背部只能幫助人們隱藏感情而不能表達複雜的心理活動？不，事實恰恰相反：轉過背以隱瞞自己感情的方法，恰恰暴露出了他內心的複雜和矛盾。

背部所發出的身體語言，有三種表達方式。第一種，是從它的形態上來顯示；第二種，是從轉身的方向和角度來表示；第三種，是從勢力範圍方面來說明，各種與他人背部所接觸的方式。

從背部的形態上，可以判斷出一個人的內在個性。一般而言，挺直脊背的人，律己甚嚴，充滿自信，然而，卻容易受到刻板思維的束縛。換句話說，這種人信心充足而靈活機動不夠。

美國非語言情感傳達的研究學者尼倫伯格在他所著的《解讀人心的技巧》一書中指出：「知道應如何提高業績以便使自己晉升的人，必然採取堂堂直立的姿勢，以此明確表示自己充滿了自信。」我們從小就接受著「要做一個光明正大、頂天立地的人」的精神教育，這「頂天立地」的外在表現，就是挺直脊樑。尼倫伯格在他的書中又說：「只要撐開肩膀，挺直腰桿，消沉的情緒自然會消失，而產生一種振作奮發的氣概。」由此可見，挺直腰背的動作和人的精神狀態有極密切的關係。

當打開電視機收看歌舞節目時，你會發現，那些美聲唱法的歌唱家，一般都採取挺直脊背、直立不動的姿態；而那些演唱流行歌曲的歌手，卻總是載歌載舞地做出許多灑脫的動作來。那些直立挺背的歌唱家，十有八九都接受過嚴格的正規音樂訓練。只要他往臺上一站，就會不由自主地嚴格約束自己，透露出他對自己演唱技巧的自信。

從身體語言的理論可以引導出，採取弓著背的姿勢，意在封鎖胸、腹等要害部位，是一種不讓他人侵入自己的勢力範圍的防衛性姿態。所以弓背者一般不求自我表現，舉止慎重且又好自我反省，這是性格孤僻的外在表現。

如果在人前不但弓著背，而且還低下頭、閉起眼，則表示畏懼對方，在精神上完全居於劣勢。「誠惶誠恐」一詞所描述的，便是蜷縮身體、藏頭縮尾的姿態。

再比如，兩人對坐，一人採取挺直脊背的姿態，而另一個卻弓著背，該作如何解釋呢?那個挺直脊背的端坐者，可以說是在本身和對方之間築起無形的牆，不願接受對方的意見，該姿勢隱藏著堅決拒絕對方的心理。而弓著背者，顯然居於劣勢，他不是在檢討自己，便是在乞求對方的幫助。然而，如果挺直脊背者不改變姿態，就表明他不會接受弓背者的要求。

再來分析「轉身」的動作。轉過背去，對男性來說表達著拒絕對方的意思；但對於女性來說，則另有一層意思，我們以後再說。

此外，在多數人在場的情況下，轉身的意義多少又有點不同。比如，在有他人在一旁的地方打電話時，即使交談的內容並不會直接被他人聽到，此人也常會做出轉身背對他人視線的動作。從這一動作我們可以猜測到，他談話的內容屬於在商量疑難問題或秘密性的事情者居多。這一動作也是在向他人發出「不要走近我」的信號。

在雙方接觸之中，拍對方的背或互相勾肩搭背而行，是非常慣用的動作。拍背的動作，屬於互相觸摸的範疇，有著多種不同的意義。

父母拍子女的脊背，表示著親熱和信賴；如果是上級拍下級的背，則在無聲地表示：「去吧，我希望你能完成這一任務。」暗喻鼓勵和打氣。

在同性朋友之間，或在親屬之間，在年齡不同但關係較親密的男女之間，拍背的動作，往往表示著對某一個問題彼此有同感或共鳴，或是表示十分激動和互相敦促的意思。比如，你去看球賽，想必經常目睹到這樣的情景：當一方獲勝時，隊友們互相輕輕拍打著背部或互相摟住肩背，以示共用喜悅。所以摟住對方的背部，也有借肉體的接觸，把自己的情緒傳達給對方的意義。

總之，互相撫摸背部的動作，可以看作是為了加強關心對方，或追求更深人際接觸的表現。

測試 別人眼中的你究竟是什麼樣的？

下面這個測試，是美國權威的心理學博士菲爾・麥格勞在著名的脫口秀主持人歐普拉・溫芙蕾的節目裡做的測試題，被世界各國的心理測評中心引用借鑑。進行測試時，請以現狀為標準，認真作答。

（1）一天之中，你何時感覺最好？

Ⓐ早晨

Ⓑ下午及傍晚

Ⓒ夜裡

（2）你走路時是：

Ⓐ大步地快走

Ⓑ小步地快走

Ⓒ不快，仰著頭面對著世界

Ⓓ不快，低著頭

Ⓔ很慢

（3）和別人交談時，你常常：

Ⓐ手臂交疊站著

Ⓑ雙手緊握著

Ⓒ一隻手或兩手放在臀部

Ⓓ碰著或推著與你說話的人

Ⓔ玩著你的耳朵、摸著你的下巴或用手整理頭髮

（4）坐著休息時，你的習慣是：

Ⓐ兩膝蓋併攏

Ⓑ兩腿交叉

Ⓒ兩腿伸直

Ⓓ一腿蜷在身下

（5）碰到搞笑的事時，你會：

Ⓐ一個欣賞的大笑

Ⓑ笑著，但不大聲

Ⓒ輕聲地咯咯地笑

Ⓓ羞怯地微笑

（6）當你去一個派對或社交場合時，你會怎麼入場？

Ⓐ很大聲地入場以引起注意

Ⓑ安靜地入場，找你認識的人

Ⓒ非常安靜地入場，儘量保持不被注意

（7）當你非常專心工作時，有人打斷你，你的反應是：

Ⓐ歡迎他
Ⓑ感到非常惱怒
Ⓒ在上述兩極端之間

（8）下列顏色中，你最喜歡哪一種顏色？
Ⓐ紅或橘色
Ⓑ黑色
Ⓒ黃色或淺藍色
Ⓓ綠色
Ⓔ深藍色或紫色
Ⓕ白色
Ⓖ棕色或灰色

（9）臨入睡的前幾分鐘，你在床上的姿勢是：
Ⓐ仰躺，身體伸直
Ⓑ俯躺，身體伸直

Ⓒ側躺，身體微蜷

Ⓓ將頭枕在一手臂上

Ⓔ蒙頭蓋被

（10）你經常夢到自己在：

Ⓐ身體下墜

Ⓑ打架或掙扎

Ⓒ找東西或人

Ⓓ飛或漂浮

Ⓔ你平常不做夢

Ⓕ你的夢都是愉快的

評分標準

每個選項後邊的數位代表該選項的分數，根據自己的選擇統計出測試的總分：

（1）Ⓐ2分　Ⓑ4分　Ⓒ6分

（2）Ⓐ6分　Ⓑ4分　Ⓒ7分　Ⓓ2分　Ⓔ1分

(3) Ⓐ 4分　Ⓑ 2分　Ⓒ 5分　Ⓓ 7分　Ⓔ 6分

(4) Ⓐ 4分　Ⓑ 6分　Ⓒ 2分　Ⓓ 1分

(5) Ⓐ 6分　Ⓑ 4分　Ⓒ 3分　Ⓓ 5分

(6) Ⓐ 6分　Ⓑ 4分　Ⓒ 2分

(7) Ⓐ 6分　Ⓑ 2分　Ⓒ 4分

(8) Ⓐ 6分　Ⓑ 7分　Ⓒ 5分　Ⓓ 4分　Ⓔ 3分　Ⓕ 2分　Ⓖ 1分

(9) Ⓐ 7分　Ⓑ 6分　Ⓒ 4分　Ⓓ 2分　Ⓔ 1分

(10) Ⓐ 4分　Ⓑ 2分　Ⓒ 3分　Ⓓ 5分　Ⓔ 6分　Ⓕ 1分

結果分析

低於21分：內向的悲觀者

人們認為你是一個害羞的、神經質的、優柔寡斷的，是需人照顧、永遠要別人為你做決定、不想與任何事或任何人有關的人。他們認為你是一個杞人憂天者，一個永遠看到不存在的問題的人。有些人認為你令人乏味，只有那些深知你的人知道你不是這樣的人。

21～30分：缺乏信心的挑剔者

你的朋友認為你勤勉刻苦、很挑剔。他們認為你是一個謹慎的、十分小心的人，一個緩慢而穩定辛勤工作的人。如果你做任何衝動的事或無準備的事，你會令他們大吃一驚。他們認為你會從各個角度仔細地檢查一切之後仍經常決定不做。他們認為你的這種反應一部分是因為你的小心的天性所引起的。

31～40分：以牙還牙的自我保護者

別人認為你是一個明智、謹慎、注重實效的人，也認為你是一個伶俐、有天賦、有才幹且謙虛的人。你不會很快、很容易和人成為朋友，但是是一個對朋友非常忠誠的人，同時要求朋友對你也有忠誠的回報。那些真正有機會瞭解你的人會知道要動搖你對朋友的信任是很難的，但相等的，一旦這信任被破壞，會使你很難過。

41～50分：平衡的中道

別人認為你是一個新鮮的、有活力的、有魅力的、好玩的、講究實際的而永遠有趣的人。你經常是群眾注意力的焦點，但是你是一個足夠平衡的人，不至於因此而昏了頭。他們也認為你親切、和藹、體貼、能諒解人。一個永遠會使人高興起來，並會幫助別人的人。

51～60分：吸引人的冒險家

別人認為你有著令人興奮的、高度活潑的、相當易衝動的個性；你是一個天生的領袖、一個做決定會很快的人，雖然你的決定不總是對的。他們認為你是大膽的和冒險的，任何事至少會願意試做一次；是一個願意嘗試機會而欣賞冒險的人。因為你自帶刺激氣息，他們喜歡跟你在一起。

60分以上：傲慢的孤獨者

別人認為對你必須「小心處理」。在別人的眼中，你是自負的、以自我為中心的、極端有支配欲、統治欲的人。別人可能欽佩你，希望能多像你一點，但不會永遠相信你，會對與你更深入的來往有所躊躇及猶豫。

中

別笑，我是超有趣的心理學

第四章　動之以情：讓別人喜歡你原來這麼容易

引導效應：用他的觀點說服他

如果，你懂得從對方的立場上考慮問題，並將對方在意、看重的事情以及支持的觀點很好地結合到自己的事情以及觀點裡，這樣對方多半會支持自己的觀點以及支持自己想要做的事情。

對於這種從對方最在意的事情上去引導對方，支持自己所說的、所做的事情的策略，心理學上將其稱為引導效應，簡單概括就是：從對方在意和支持的觀點著手，將自己的觀點融合到對方的觀點中，然後用對方的觀點去說服對方。

對於這一策略，大多數人並不陌生。例如，當你讓一個人去做一件事情的時候，他多數時候可能並不願意。但如果你從他的角度提起這個話題，並引導他自己對此事去發表意見，採取措施，然後你從他的觀點以及做事情的策略中，找到你想要的訊息，並總結性地提出，這時你會發現對方多半會接受你。因為他發現，接受你的意見事實上正是接受了自己。

汽車大王福特就曾說過：「所謂的成功策略就是，從他人的角度去考慮問題，用『推己及人』的思維去看待各種事物。」

而用對方的觀點去說服對方，之所以如此奏效，是因為每個人的觀點不同、立場不同，看待問題的角度就會不同。而人們往往又都會對自己的利益加以重視，考慮更多。所以，當你從對方的觀點以及對方關心的事情上去說自己想要表達的事情時，對方在意識中往往會形成「這也是自己的想法」的印象，進而更願意接受你。

雖然用對方的觀點去說服對方，更利於對方支持自己的觀點，但在運用的時候，也要掌握方法以及相關的注意事項，這樣才更容易讓他人接納自己的觀點。

（1）用對方的觀點說服對方，要善於運用先提問後總結的方式去說

在你向對方說一件事情的時候，要想引起彼此的共鳴，引導出對方的意見以及觀點，那麼你在開始的時候，就要善於運用提問的方式，引導對方進入你們的對話中。而當一個人表達較多的時候，你便能很好地抓住他觀點中的某一部分，然後融合進你想要表達的觀點中。這樣再去說給對方聽，徵詢對方的意見，相信他多數時候是不會拒絕的。

（2）用對方容易接受的方式去說服對方

有時你會發現這樣的現象，在你試圖左右他人的時候，提出問題只是一個方面。如果能夠通過問題，站在對方的立場去誘導，則會獲得更佳的效果。

每個人的觀點不同、立場不同，看待問題的角度就會不同。而人們往往又都會對自己的利益加以重視，考慮更多。所以，當你從對方的觀點以及對方關心的事情上，去說自己想要表達的事情時，對方在意識中往往會形成這其實也是自己想法的印象，進而更願意接受你。

認同效應：一開始就讓對方說「是」

所謂認同感，簡單說，就是指人對自我及周圍環境有用或有價值的判斷和評估，而每個人對自己的這些判斷和評估往往又會渴望得到周圍人的肯定和認同，進而產生與眾不同的愉悅心情。

要想有效地得到他人的支持和贊成，在開始與對方交談的時候，你首先要做的就是避免對方的拒絕。也就是說，要學會接納對方、認可對方，引導對方說「是」，進而增強對方對你的認同感。這樣一來，你往往更容易接近對方，也更容易得到對方的支持。

在開始的時候引導對方說「是」，增強其對你的認同感。例如，當某個學生一開始便在各方面表現積極，成績也好，並且多數時候一直處於優秀的狀態，那麼時間久了，即使這名學生犯了一些錯誤，老師也會在對他的肯定心理作用下，覺得這沒什麼大礙，只不過是偶爾的小疏忽。相反，如果一名學生從開始的時候便在各方面都表現不好，調皮搗蛋、搞惡作劇……那麼時間長了，老師勢必會覺得他就是一個不聽話的學生，進而在否定對方的心理作用下，即使這名學生後來變得聽話了，老師可能也會覺得他這是碰巧。

這便是不同認同感帶來的不同的心理變化，而這也進一步說明，要想得到對方的支持，首先你要學會認可對方，接受對方，引導對方說「是」。只有這樣，你才能得到對方的認同，進而獲取你想要的。

此策略之所以奏效，是因為當你接受對方的觀點時，對方會從你那裡得到尊重和認同，進而對你表現出友好、認同的態度。而當一個人認同你的時候，對你所說的很多事情以及觀點，便會表現出濃厚的興趣，甚至直接點頭說「是」，這樣你也自然而然地會得到對方的支持。

此外，你還應該明白這樣的道理，如果你在開始的時候，不接受對方想要說的事情，不認同對方的觀點，而是一味地強調自己的東西，那麼對方勢必會產生排斥心理，進而拒絕你。既然對方在第一時間就把你拒之門外了，你就是再有能力也是白費，因為沒人給你這個機會。

雖然在開始的時候，吸引對方說「是」，有利於對方接納你的觀點，但在實施的時候，也要掌握方法，具體如下。

（1）吸引對方說「是」，要善於接納對方

吸引對方對你的認同感，最重要的是你要善於接納對方。也就是說，在開始的時候，你要能接納對方的觀點，聽他把話說完，在說的過程中，還要儘量符合他的想法，順著對方去說，對他有個認可。人們對於能認可、肯定自己的人，往往會多出幾分好感。而當一個人不反對你，對你產生認同時，你再去說自己的觀點，他在多數時候是不會拒絕的。

（2）肯定語氣能吸引對方說「是」

在與對方交談的過程中，不同的語氣會給對方留下不同的印象，形成不同的感覺。尤其是在得到對方認同後，再陳述你想要讓對方支持你的事情時，肯定語氣往往是增加別人對你所說事情的認同感和支持的首要條件。例如，當你在說一件事情的時候，儘管是徵詢對方的意見，但你在說的時候，也可以帶上一句：「這樣好吧！你看這麼辦行吧！你同意了吧……」這些帶有肯定的詞語，在一定程度上，往往容易引導對方對你所說的事情產生認同感。而當對方認同你所說的時候，你也便贏得了他的支持。

要想有效地得到他人的支持和贊成，在開始與對方交談的時候，你首先要做的就是避免對方的拒絕。也就是說，要學會接納對方，認可對方，吸引對方說「是」，進而增強對方對你的認同感。這樣一來，你往往更容易接近對方，也更容易得到對方的支持。

標籤效應：給對方貼上重要的暗示

外界訊息往往會在每個人心中形成心理暗示，而你所貼標籤的訊息，無疑會給予對方以重要的暗示。要知道，有時候對方可能並不知道自己有某種特點或者特性，但當你用語言或者其他方式直接告訴他，認定他具有這種傾向的時候，他就會對這種特性格外注意或者格外用心，進而也會情不自禁地表現在行為上。

文森・倫巴底是一名嚴厲的足球教練。在一次比賽中，他所帶球隊的一名守門員在比賽時出現多次不應有的失誤，幾次讓球直接射進了球門。那場比賽他們輸了，他為此很生氣。比賽剛一結束，他就訓斥了這名守門員。訓斥後，那名守門員沮喪地走進了更衣室。

見狀，文森・倫巴底也走進了更衣室。在更衣室裡，他摸了摸對方的頭髮，輕輕拍了拍他的肩膀說：「別洩氣，我之所以批評你，是因為以我的眼光，認定你將來會成為一個出色的守門員，所以才會那樣做。」

後來，這名守門員成為球隊五十年來最出色的明星球員，他就是傑里・卡拉姆。而傑里・卡拉姆在總結自己足球生涯的回憶中，也曾提到過這件事情。他說，倫巴底那句話對他產生了巨大的推動作用，使得他在日後的訓練中更加積極，在比賽中也更加專注。

為什麼文森・倫巴底的一句話，就能讓傑里・卡拉姆在日後的訓練中更加積極，在比賽中更加專注呢？

事實上，文森・倫巴底運用的策略就是心理學中的「標籤」效應。也就是說，正是他給對方貼上了一個「如果他努力，將來他將成為一個球隊出色守門員」的標籤，才讓對方產生了符合這種特性的力量。

對於「標籤」效應，心理學上也將其稱作「投影效應」，簡單概括就是，個體被一種詞語或者一種期望貼上標籤時，就會產生相應的行為，進而按照標籤做出自我形象的策劃與實踐。

正因為「標籤」效應具有這樣的特性，當人們試圖說服他人，讓他人按照自己的想法做事情，或者讓他人更心甘情願地按照自己設計的方向走，那麼你就要學會根據自己的要求，給對方貼上相應的標籤。例如，你希望對方下次不要遲到，那麼你在傳達自己意思的時候，便可以適當地向對方表達出：「我一直覺得，你是一個守時的人，相信你今後不會遲到。」而多數時候，你會發現，如果你真給他貼上了「他是個守時的人」的標籤時，他還真的就不會遲到了。

相反，如果某個時候，你希望對方不要成為拖後腿的人，於是，時刻叮囑他，你每次都拖後腿，這次一定別成為拖後腿的人。多數時候，你會發現你的話以及預判，就像靈丹妙藥一樣，對方果真又成為最後一個。這其實也就是貼上不同標籤所起到的作用。

標籤效應之所以如此奏效，是因為外界訊息往往會在每個人心中形成心理暗示，而你所貼標籤的訊息無疑會給予對方以重要的暗示。要知道，有時候對方可能並不知道自己有某種特點或者特性，但當你用語言或者其他方式直接告訴他，認定他具有這種傾向的時候，他就會對這種特性格外注意或者格外用心，進而也會情不自禁地表現在行為上。如果你說某個人唱歌好聽，你會發現他在唱歌的時候，會真的格外用心地去唱，以凸顯他唱歌真的好聽這個優點。

貼標籤固然有利於他人向著你所設想的方向發展，但在運用的時候也須掌握相關的注意事項。

（1）給對方貼標籤，要符合你的需求去貼

貼標籤的關鍵，不是對方本來什麼樣，而是你應該根據需求，想要對方什麼樣。也就是說，你希望對方什麼樣，就要將其貼上什麼樣的標籤。例如，如果你希望公司裡的某個員工能做得出色，有個好的業績，那麼你就要學會給對方貼上他能做出出色業績的標籤。

（2）給對方貼標籤的時候，要真誠

馬克・吐溫曾說過：「一句誠摯的讚賞之詞，既可讓他人心情舒暢，又可成為推動他們再創佳績的動力。」給對方貼標籤，同樣需要真誠，因為只有當你真誠地給對方貼上他具有這方面特質的標籤時，他才會覺得你說的話是真的，不是虛假、做作地吹捧，進而才會心甘情願地朝著你所說的方向發展。

（3）給對方貼標籤也可以間接地貼

當你給對方貼標籤的時候，也可以適當地當著他周圍朋友以及親戚去說，這樣效果有時會更佳。例如，如果你當著其他人的面，說他這個人是個熱心腸的人，他多半會表現得更加熱心腸。

虧欠心理：讓別人感覺到你的好

當自己得到他人好處時，內心深處會感覺欠著對方點什麼，進而在這種心理驅動下，一點兒好處便會被無限放大，即「虧欠心理」引發的不等價交換，而這正是小恩小惠的儲藏變成利息高漲的主要原因。

「虧欠心理」在某種程度上，屬於互惠原理的一個特性。主要是說，在人們的潛意識中，當別人給自己一點恩惠或者好處的時候，內心深處往往會產生虧欠之感，於是，為了平衡這種虧欠之感，在日後的相處中會經常想方設法地去報答對方。

正因為人們對他人的小恩小惠以及各種情誼會產生虧欠之感，所以，那些聰明的人才能很好地利用它為自己服務。例如，在生活中，賣煙酒的老闆在賣給對方幾條煙的時候，有時會順便給對方一個打火機；賣水果的小攤販在稱完水果算完錢後，有時還會給買者一個小水果……他們之所以這樣做，是因為想通過自己的行為，讓對方產生「虧欠」心理，進而在下次購物的時候，可以再次光顧。

同樣，有些名人也是利用「虧欠」心理，來以此成功的。比如，軍事家拿破崙懂得給將士贈予名譽與頭銜，並通過這樣的方法，激發了將士內心的「虧欠」感，從而更忠誠地支持他，幫助他完成稱霸世界的野心。

此外，在人際關係中，如果一個人接受了別人的恩惠，哪怕是小恩小惠，如果不回報的話，也容易遭到他人的孤立和反對，進而不受歡迎。於是，多數時候，即使迫於周圍人的壓力，也會產生虧欠感，進而給他人以回報。

既然人們容易產生「虧欠心理」，並經常會在這種心理驅使下對周圍的人產生感激不盡、投桃報李的情懷，那麼，你便可以很好地運用此項效應為自己服務。

（1）讓別人產生「虧欠心理」，重在平時下工夫

雖然給人恩惠有利於讓對方產生「虧欠心理」，但在運用此方法時，也要講究策略。也就是說，給人恩惠不能表現得太過功利，而是重在平時下工夫。

只有平時的幫助以及饋贈，才更能彰顯你對對方的好，也更利於人們對你產生感情，覺得欠你一個人情。當對方覺得和你關係好，對你有感情，又欠你人情的時候，你再求助於他，他還會拒絕嗎？相信一定不會，恐怕多數時候就是你不提，當對方知道你有這方面意向的時候，也會積極主動地幫忙。

（2）你能夠利用的是讓別人感覺到你的「好」

生活中，當你幫助他人，並且和他有往來的時候，你們之間便基本構建出了感情的鏈條。有了感情做紐帶，讓他接受你的觀點、意見等，相信他一定不會拒絕。到這時，「虧欠」感帶來的不等價交換，定會讓你受益匪淺。

互惠原理：與人相處先付出一點

人與人之間的關係，會隨著平時聯繫以及小事間的交往，變得越來越親密。你經常多付出一點，多幫助人一點，你們之間的感情便會更加深厚。這樣當你要求對方做事情的時候，對方才會念在平日你對他的好而無法拒絕你，進而幫你完成你想要完成的事情。

什麼是互惠原理呢?簡單地說，就是別人給了你一顆糖，你就會有還給對方這顆糖的心理。即使是不還，多少也會產生一種愧疚感，進而想著在其他方面去償還。主要表現為，行為孕育同樣的行為，友善孕育同樣的友善，付出也會孕育同樣的付出，你怎樣對待別人，別人就會怎樣對待你。

互惠原理告訴人們，要想更有效地「掌控」事情，你就要懂得主動地向對方付出一點。這樣對方往往就會在「互惠心理」的影響下，你的付出也會有所回報。

對此，英國玄學詩人約翰・鄧恩說過：「每一種恩惠都有一枚倒鉤，它將鉤住吞食那份恩惠的嘴巴，施恩者想把他拖到哪裡就得到哪裡。」而那些聰明且成功的人，無疑是最懂得運用此策略的人，並且他們總能很好地在生活中主動地付出一點，以便更好地贏得人心。

女詩人伊莉莎白・白朗寧和丈夫之所以能夠一直保持甜蜜、恩愛的夫妻關係，和她在彼此相處時，主動付出一點有很大的關係。

在生活中，每天在丈夫離開家時，伊莉莎白都會站在門口向丈夫揮手告別。在丈夫下班回到家後，她也經常會微笑著向丈夫打招呼。所以，經常是只要丈夫稍稍有些不高興，她就會細心地發現，並適當地給其關心和幫助。

後來，伊莉莎白生病了，她曾一度消沉。但是就在此時，她每日關心的丈夫對她不離不棄，並且經常給予她細心的關心和照顧，讓她感覺到生活的陽光和色彩。她在給她妹妹的信中這樣寫道：「現在我很自然地開始覺得，我或許真的是一位天使。」

從女詩人伊莉莎白・白朗寧的經歷中，你不難發現，在她生病的時候，她之所以能夠得到丈夫的關心和照顧並且一直保持著深厚的感情，和她在平時生活中積極付出、主動關愛丈夫不無關係。

其實，何止夫妻之間，生活中即使與別人相處也應該主動關心對方一下。只有你主動關心對方，平時多付出一點，對方才會對你感激不盡，甚至會對你產生投桃報李的感情。而當一個人對你感激不盡，有著投桃報李的感情的時候，你再要求他為你辦事情，相信他一定會積極地回應。

此外，人與人之間的關係，會隨著平時聯繫以及小事間的交往，變得越來越親密。你經常多付出一點，多幫助人一點，你們之間的感情便會更加深厚。當你要求對方做事情的時候，對方才會念在平日你對他的好而無法拒絕你，進而幫你完成你想要完成的事情。

你需要掌握一點運用此項策略的方法。

（1）你要懂得欲取先存的道理

在生活中，大多數人都是：「當別人對自己好後，自己會想盡辦法地對他更好；當別人給予自己幫助後，自己會自然地想著回報他……」例如，關係一般的朋友請你吃了一頓飯，下次再見面的時候，你便會本能地覺得，自己應該回請他。如果不請的話，你心裡可能就會有點過意不去，覺得虧欠人家點什麼，或者覺得有些不好意思。就在你們相互請客的過程中，你們已經變得熟絡了。關係熟絡之後，你再有事情求他，他能不鼎力相助嗎？

（2）得意時留人情，失意時才好借「傘」

互惠原理在與人交往中之所以有著如此大的功效，關鍵在於它在某種程度上，可以拉近人與人之間的感情。因為，一旦人們有恩於他人時，對方就會礙於要回報你，以及覺得欠你點什麼，產生一定的人情債。

而當別人感覺到自己欠你或者覺得想要回報你這份人情，而你又需要他幫助，以及拜託他幫忙的時候，他會表現得更積極。即使是他原本不願意幫忙、不想做或者不喜歡的事情，也會因為你先前的付出，讓他有所改變。

邊際效應：把握分寸感，別畫蛇添足

所謂邊際效應，也被稱為邊際貢獻，是指消費者在逐次增加一個單位消費品的時候，帶來的單位效用是逐漸遞減的。後被人們總結為：生活中，人們在固定的時間段內，重複獲得相同報酬的次數越多，這一報酬的後來追加部分對他的價值也就越小。

對於這一效應的寓意，其實並不難理解。例如，在你口乾舌燥的時候，如果有人給你一瓶水，你在喝第一口的時候，會感到非常解渴，進而對給你水的這個人印象深刻；但當你喝足了，不渴的時候，這個人再遞給你水的時候，你可能就會感覺多餘了；如果這個人繼續給你水，並強烈要求你喝的時候，你可能就會對他產生幾分反感了。

時時刻刻地去關心、幫助他人，的確是必要的。但在關心、愛護以及幫助的時候，要想更好地調動別人對你的好感，就要掌握好尺度，不能犯了「畫蛇添足」的錯誤。同時，還要掌握好相關的注意事項以及方法。

（1）給人好處要懂得雪中送炭

經常會有這樣的體會，在自己餓的時候，別人哪怕給一個包子，自己對他也會印象深刻。在自己失意、痛苦的時候，別人哪怕只是一句安慰、一聲問候，也能讓自己記憶猶新……這就告訴人們，在自己給對方好處的時候，一定要掌握好度，要學會給予對方「雪中送炭」般的關心，這樣才更容易贏得對方的好感，也更利於你拉近彼此間的關係。而當你贏得對方的好感，彼此關係又不錯的時候，你想要的事情一定不會特別難辦。

（2）給人好處不能過了頭

很多人總是認為在別人不是很需要的時候幫一下忙，就能順手送個人情，進而讓關係更加親密，但有時結果卻並非如己所願，甚至還會遭到對方的反感。為什麼會出現這樣的現象呢？因為有些事情，根本不需多此一舉，對於這類事情，你要是做過了、做多了，就容易犯下物極必反、畫蛇添足的錯誤，進而招人反感。而當別人反感你的時候，他又怎麼會答應你的請求呢？

先機效應：爭執時請主動道歉

你主動向對方道歉的時候，對方往往會為你的首先讓步感到有些內疚，甚至有些羞愧。要知道人們往往有這樣的心理，雖然爭執時大家都各執己見，不肯讓步，甚至想著說服對方，贏得這場較量才好，而一旦對方做出讓步了，自己心裡反而忐忑起來，會認為自己太過小肚雞腸，不夠大量，有失心胸。

心理學上，對於占得先機策略的解釋是，通過各種方法，在做事情的關鍵時刻，贏得場上主動權，決定未來形勢的重要時機。而在與對方爭執或者鬧矛盾時，主動道歉無疑是取得主動權、占得先機的重要技巧。

兩個人在發生爭執或者鬧矛盾時先主動道歉，有利於人們占得先機，是因為當你主動向對方道歉的時候，對方往往會因為你的首先讓步而感到有些內疚，從而大多數情況下，會站在你的角度做出讓步。

此外，你還應該明白這樣的道理，不管雙方誰對誰錯，當你主動向對方道歉的時候，一定有利於修補雙方的關係，讓彼此本來有些緊張的關係得到緩和，同時，還有利於消除彼此間的隔閡、裂痕，甚至是矛盾、爭執等問題。而當你們之間沒有太多的隔閡和矛盾時，你再耐心地讓對方支持你，多數情況下，對方是不會反對的。

但是，你在向對方主動道歉的過程中，很多人可能還會有這樣的顧慮，認為自己先道歉了，對方不接受，自己豈不是陷入尷尬之地，很沒面子。事實上，大多數人都希望自己和周圍的人和平共處，都不希望自己和誰發生分歧、爭執。而一旦發生的時候，他們本身會覺得自己陷入了窘境，有些尷尬。於是，大多數人也會想著儘量大事化小、小事化了為好。如果這時你再能及時地去讓步、道歉，讓他可以順著臺階下，進而緩和你們之間的緊張關係。

現將具體方法以及相關注意事項介紹如下。

（1）道歉要針對態度去道歉，而不是你所堅持的事情

雖然道歉利於占得先機，但道歉並不是目的，目的是讓對方體會到你的讓步。這就要求在道歉的時候，用詞要清晰明瞭、準確無誤，讓對方真切地體會到，你是在謙讓他，是對他禮貌上的讓步，而不是你放棄了自己原有的觀點，一味順從對方的觀點，更不是因為害怕、畏懼對方才要道歉的。

也就是說，在你道歉的時候，是對你們之間當時情緒失控時引發的態度上的激烈碰撞而道歉，而不是對你們爭論事情的本身有所讓步。只有這樣去道歉，你才更容易堅持自己的觀點，同時又能贏得對方的認同。

（2）不能為了些無關痛癢的事情去道歉

有時，人們會錯誤地以為，在小事情上向別人道歉，更容易得到對方的原諒和認可，也更容易贏得人心。但事實卻是，在有些無關痛癢的事情上，你的道歉很容易給人風馬牛不相及的感覺。

要知道，有時也許對方根本沒在意，但你又正式地去和人家說這個事情，結果反而使問題更加複雜。往好了說，人們會覺得你對問題本身仍是「兩眼一抹黑」，往壞了說，別人會覺得你這是在故意找不快。結果，就使得本來沒多大矛盾的兩個人，反而覺得有了隔閡。而當有了隔閡後，在很多事情上，對方對你可能就不會表現得那麼積極了。

測試　你的人際交往死穴在哪裡？

你在學校度過的時間裡，特別是那段心理上極度叛逆的時期，你覺得老師身上最不能讓你忍受的是什麼？

Ⓐ情緒不穩定，容易「歇斯底里」，對學生實行精神壓迫。

Ⓑ專制，不聽取學生的意見。

Ⓒ不公平，偏袒所謂的好學生。

Ⓓ對學生使用暴力。

結果分析

選Ⓐ：你不懂得克制自己的情緒。

這個選擇其實就是自我缺陷的自然暴露。你一有什麼不如意的事就會「歇斯底里」，不是四處大聲叫嚷，就是突然大聲哭泣……你這種自我表現的方式過於幼稚，而且很容易引起別人的情緒疲勞。為了使你人際關係更加融洽，你必須對周圍的人多一份愛心，同時要注意克制自己的情緒。

選Ⓑ：你不懂得聽取他人建議。

你具有站在陣列前沿將周圍人猛推向前的統率能力，在集體中往往起著決定性的作用。但是你需要有多吸取一些周圍人意見的謙虛態度，否則，最終有可能誰也不會再順從你。你的缺點就是很少聽取他人的意見和建議。

選Ⓒ：你不善於擴大交際圈。

你可能有一些心理恐慌症的表現。你的交際範圍容易往縱向深入，但很難橫向擴展，你往往把自己討厭的人徹底排除在外，似乎只願意與某一些特定的人建立更好的關係，所以，你屬於不善擴大交際圈的一類人。你甚至會要求與你關係親近的友人「不要與不喜歡的人交往」。你應該要懂得博愛的內涵。

選Ⓓ：你容易傷害別人。

你這樣的處世方式是很危險的。你的缺點是動輒變得粗暴無禮。你的問題不僅表現在行為上，而且在言語上也表現很強烈。假如是因為對方態度惡劣導致你正當防禦還情有可原，而你卻往往是稍不如意就出手或出口傷人。你一定要注意控制自己的情緒，否則你會很容易和不瞭解你的人發生激烈的矛盾。

第五章　來點幽默：天下沒有搞不定的事

巧設懸念：吊人胃口再妙解謎團

巧設懸念幽默，是幽默技巧中最常用的一種。這種幽默一般是先把自己的思路引入對方思維的軌道，然後，來個急轉彎，把對方置入困惑的境地，即讓對方「著了你的道」，再用關鍵性話語一語道破，起到畫龍點睛的作用。讓聽眾出乎意料，捧腹大笑。

在日常生活中，人們經常會遇到這種情形。只要充分調動起你的思維，就既能讓你的聰明才智得到發揮，又能讓你達到目的，這才是最重要的。幽默的最高境界即在於此。

從前，美國有個販售香煙的商人到法國做生意。

一天，在巴黎的一個集市上他大談抽煙的好處。突然，從聽眾中走出一個老人，徑直走到臺前，那位商人吃了一驚。

老人在臺上站定後，便大聲說道：「女士們，先生們，對於抽煙的好處，除了這位先生講的以外，還有三大好處！」

美國商人一聽這話，連向老人道謝：「謝謝您了，先生，看你相貌不凡，肯定是位學識淵博的老人，請你把抽煙的三大好處當眾講講吧！」

老人微微一笑，說道：「第一，狗害怕抽煙的人，一見就逃。」

臺下一片轟動，商人暗暗高興。

「第二，小偷不敢去偷抽煙者的東西。」

臺下連連稱奇，商人更加高興。

「第三，抽煙者永遠不老。」

臺下聽眾驚作一團，商人更加喜不自禁，要求解釋的聲音一浪高過一浪。

老人把手一揮，說：「請安靜，我給大家解釋。」

商人格外振奮地說：「老先生，請您快講。」

「第一，抽煙的人大都駝背，狗一見到他，就以為他是在彎腰撿石頭打牠呢，能不害怕嗎？」

臺下笑出了聲，商人嚇了一跳。

「第二，抽煙的人夜裡愛咳嗽，小偷以為他沒睡著，所以不敢去偷。」臺下一陣大笑，商人直冒大汗。

「第三，抽煙人很少長壽，所以沒有機會衰老。」臺下哄笑不已。此時，商人早已不知什麼時候溜走了。

這則幽默一波三折，層層推進，一步一步把聽眾的思維推向迷惑不解的境地，在把聽眾的胃口吊得足夠「饞」時，才不慌不忙地表達出自己的意思。按照常規思維，抽煙是應該遭到反對的，因為抽煙的危害人所共知，當老人一言不發地走向大談抽煙好處的商人時，一般都會認為老人要提出反對意見，而老人卻也大談抽煙好處。商人和聽眾一樣大惑不解，因而急切地想知道原因。最後，老人以幽默的話語作了妙趣橫生的解釋。既讓聽眾開心，又讓聽眾從商人的欺騙性話語裡走出來，意識到抽煙的危害性。因為他所說的三條好處其實正是抽煙的危害所在。同時，正面揭露了商人的謀利目的。

使用巧設懸念幽默術，須注意以下兩點：

第一，不要故弄玄虛，讓人不著邊際。任何幽默都要求自然得體、順理成章。如果做得很明顯，不但不能讓人感到幽默，反而會覺得無聊，甚至反感。

第二，做好充分的鋪墊，最好能在聽眾的急切要求下再將「謎底」洩露出來，不要急於求成，讓聽眾對結果產生錯誤的預料。然後再把結果娓娓道來，以使聽眾有個緩衝時間來領略幽默的趣味。

借梯登樓：鬥智鬥力不傷和氣

借梯登樓式幽默，是借別人的梯子，登自己的樓。反映在生活中，就是借助對方說的話，巧妙地為自己服務，二者的話語前後不協調，並且出乎對方意料，幽默就輕而易舉地產生了。

借梯登樓幽默，多用於交際中鬥智性的場合。對方不懷好意，對你進行故意挑釁或詰難，甚至直接讓你難堪，這在社交中是經常會碰到的情形。此時，你一定要冷靜，不然對方的目的就得逞了。你可以抓住對方言語裡的漏洞，作為一種過渡，並借此說出令對方感到難堪或意外的話來反擊對方。對方攻擊性的話，成了你「上樓」——反攻擊的「梯子」，一反一正中，包容了許多不和諧的因素，這便是借梯登樓幽默的奧秘。

俄國大詩人普希金年輕時，有一天在彼得堡參加一個公爵的家庭宴會。他邀請一位小姐跳舞，小姐傲慢地說：「我不能和小孩子一起跳舞。」

普希金靈機一動，微笑著說：「對不起，親愛的小姐，我不知你正懷著孩子。」說完，他很有禮貌地鞠了一躬，然後離開了。

那位高傲的小姐在眾目睽睽之下無言以對，滿臉緋紅。

普希金邀請那位小姐跳舞，碰了一個釘子，本來也沒什麼大不了。可是那位小姐無禮地稱他為「小孩子」，卻讓他感到不快。他就故意地把「小孩子」轉到貴族小姐身上，把其說的「我不能和小孩子一起跳舞」曲解成「不能帶著肚中的孩子和他一塊跳舞」，「小孩子」成了普希金「登樓」還擊對方的梯子。普希金巧妙地運用借梯登樓幽默術，既保住了自己的尊嚴，又給對方以極大的諷刺和回擊。

達爾文應邀出席一次盛大的晚宴。宴會上，他的身邊正好坐著一位年輕美貌的小姐。

「尊敬的達爾文先生，」年輕美貌的小姐帶著戲謔的口吻向科學家提問，「聽說您斷言，人類是由猴子變過來的，是嗎？那麼我也應該是屬於您的理論內的嗎？」

「那是當然！」達爾文望了她一眼，彬彬有禮地回答，「我堅信自己的理論。不過，您不是由普通的猴子變來的，而是由長得非常迷人的猴子變來的。」

美貌的小姐想戲謔一下達爾文，以自己的美貌為手段去懷疑達爾文的進化論，意思是：「猴子能變得這麼美嗎？」達爾文卻借她的美貌為梯子：「你的美，是由迷人的猴子變成的。」巧妙地登上樓，維護了自己的進化論，並且詼諧風趣。

只要你抓住對方話頭中的某個詞語或某種意義，就勢發揮，表達出自己的意思，讓對方意料不到，造成對方預期的失落和發現的驚異，幽默就隨之而生。

借梯登樓的幽默，大多數是從靈活的頭腦中產生出來的，幽默的技術或許能為你掌握，但實際的口才運用卻沒有時間容你巧妙設計。所以，即使掌握了這一幽默技法，機智、靈活這一基本素質也是極為重要的。

一天，上尉在早操前進行例行點名，發現竟然有九名士兵還沒有回軍隊進行銷假，他感到十分惱火。

直到下午六點鐘，第一個士兵才大搖大擺地衝著營房走過來。

「很抱歉，長官，」那個士兵滿臉愧色地解釋道，「我遇到了一件麻煩事，耽誤了回來的時間。回來的路上，上帝，你想會發生什麼樣的事情？拉著我的馬車的那匹馬，不知因為什麼突然死去，但我還是步行十多里路趕了回來。」

上尉聽後滿腹疑問，但還是原諒了他。然而跟著他之後，接連回來的七個士兵都是千篇一律地這樣說。

當最後一個士兵回來的時候，上尉早已忍耐不住了，吼道：「你又發生什麼事呢？」

當士兵剛欲張嘴時，上尉大動肝火地咆哮道：「不要再告訴我馬死了！」

「是的，長官，」士兵振振有詞地回答，「馬並沒有死，麻煩的是路上橫躺著八匹死馬，我的馬車根本無法通過。不得已，我跳下馬車步行了十多里路才趕了回來。」

這種應變的幽默技巧，具體來說，在不利於自己的情境中，言語要儘量多帶一些保護性色彩，自我保護的傾向越重，產生的實際後果就越不嚴重，同時產生的幽默成分就越多。尤其對於日常生活對話而言，因為日常交往都應保持一種輕鬆的狀態，為自由地發揮幽默提供廣闊空間。在有些特殊的語言環境中，比如對方對你有挑釁性的言語，而你卻完全不必買他的賬，這樣你可以將幽默融入諷刺和挖苦之中，幽默在這裡就像是催化劑，使效果立竿見影。

冰釋矛盾：用邏輯去征服他人

矛與盾，原是一對武器，矛盾一詞源於一個古老的故事，即「以你的矛，刺你的盾」。一些古今幽默高手，用這種化解矛盾的方法，創造了許多幽默的佳話。

一天，一個大腹便便的富翁，在街頭碰到蕭伯納，富翁便取笑蕭伯納說：

「一見到你，我就知道世界上正鬧饑荒。」

蕭伯納是個出名的瘦子，聽了富翁的話後，反唇相譏說：「一看到你這個樣子，我就找了世界正在鬧饑荒的原因。」

傳說美國一個百萬富翁的左眼是一隻假眼，與右邊的真眼無異，有人恭維他說：「你的左眼比右眼更像真的。」

一次他讓大作家馬克・吐溫猜猜他哪一隻眼睛是假的。

馬克・吐溫指著他的左眼說：「這隻是假的，因為在這隻眼裡還有一點仁慈。」

這種巧妙的回答，既有攻擊性也具有幽默感，但二者相比，其攻擊性相對較強，其犀利的鋒芒更甚於幽默的成分。馬克・吐溫的回答突出一個鮮明的思想觀念——資本家是沒有慈悲的，鮮明的思想觀念越佔優勢，幽默的意味就越弱。

有一次，俄國著名作家、鋼琴家魯賓斯坦在巴黎舉行演奏會，獲得巨大成功。有一個習慣賣弄風騷又很吝嗇的貴婦人對他說：「偉大的鋼琴家，我真欣賞你的才華，可是票房的票已經賣光了。」

魯賓斯坦心裡清楚她想幹什麼，當然不想給她票，但是他沒有直接拒絕，因為直接拒絕的攻擊性太強了，鋒芒太露，於是，他採用了把拒絕間接化的方法。

魯賓斯坦平靜地回答道：「很遺憾，我手上一張票也沒有。不過，在大廳裡我有一個座位，如果您高興……」

貴婦人大為興奮地問：「那麼，這個位置在哪裡呢？」

魯賓斯坦回答：「不難找——就在鋼琴後面。」

這個座位當然是屬於鋼琴家自己的，對於貴婦來說毫無實用價值。但是，由於這個拒絕是間接的，直接語義上的「同意提供座位」和間接暗示座位的虛幻性形成反差，進而讓人產生心理上較大的計畫落差，於是便產生了幽默。

如果你要強化你的智慧，你就得盡可能用邏輯去征服他人，那就不要怕攻擊性，甚至講出一些格言和哲理來。

富翁問學者，為什麼學者常登富翁之門，而富翁卻很少登學者之門。學者回答道：「這是因為學者懂得財富的價值，而富翁總是不懂得科學的價值。」

如果你要強化你的幽默，你就要把針鋒相對的矛盾淡化、間接化。即使無法消除其中的攻擊性，也要盡可能讓讀者去領悟、去體驗。

「偷樑換柱」：幽默地表達潛在意圖

把概念的內涵做大幅度的轉移、轉換，使預期失落，產生意外，偷換得越是隱蔽，概念的內涵差距越大，幽默的效果越是強烈。

通常人們進行理性思維的時候，有一個基本的要求，那就是概念的含義要穩定，雙方討論的必然是同一回事，或者自己講的、寫的同一個概念前提要一致，如果不一致，就成了聾子的對話——各人說各人的。如果在自己的演說或文章中，同一概念的含義變過來變過去，那就是語無倫次。

看起來，這很不可思議，但是這恰恰是很容易發生的。因為同一個概念常常並不是只有一種含義，尤其是那些基本的常用的概念，往往有許多種含義。如果說話、寫文章的人不講究，常常會導致概念的含義的轉移，雖然在字面上這個概念並沒有發生變化，但在科學研究、政治生活或商業活動中，概念的含義在上下文中發生這樣的變化是非常可怕的。因而古希臘的亞里斯多德在他的邏輯學中就規定了一條，思考問題時概念要統一，他把它叫作「同一律」。違反了這條規律，就叫作「偷換概念」，也就是說，字面上你沒有變，可是你把它所包含的意思偷偷地換掉了，這是絕對不允許的。

可是幽默的思維並不屬於這種類型，它並不完全是實用型的、理智型的，它主要是情感型的。而情感與理性是天生的矛盾體，對於普通思維而言，它是破壞性的東西，對於幽默感則可能是建設性的成分。

有這樣一則小幽默。

「馬修，細心點！」老師說：「四加四等於幾？」

「等於八，老師。」馬修很有把握地說。

「你是怎麼算出來的？」老師又問。

「您把書桌的四個角都砍掉就明白了！」馬修終於說出了答案。

這一類幽默感的構成，其功力就在於無聲無息地把概念的內涵做大幅度的轉移。有一條規律，偷換得越是隱蔽，概念的內涵差距越大，幽默的效果越是強烈。

這裡有個更深刻的奧妙。

「您的批評無疑是正確的，我決心改正。」

「你這是第十次下決心了！」

「千真萬確！這個批評我接受，我不再下決心了。」

偷樑換柱的結果，不僅是「虛心接受，屢教不改」了，而且是「拒絕接受，堅決不改」了。

又如：「先生，請問怎樣走才能去醫院？」

「這很容易，只要你閉上眼睛，橫穿馬路，五分鐘以後，你準會到達的。」

回答雖然仍然是如何去醫院，卻完全違背了上下文的含義。

這好像是胡鬧，甚至有些愚蠢，可是，人們為什麼還把幽默當作一種高尚趣味來加以享受呢？

這是由於在問的一方對所使用的概念有一個確定的意思，這個意思在上下文中是可以意會的，因而是不必用語言來明確地規定的。任何語言在任何情況下都有不言而喻的成分，說話的與聽話的是心照不宣的。沒有這種心照不宣的成分，人們是無法講話的。因為客觀事物和主觀心靈都是無限豐富的，要把那種心照不宣的成分都說清楚，如果不是絕對不可能就是太費勁了。

事實上這完全不必要，在具體的語言環境中，人們並不需要像科學家那樣對於每一個重要概念都給以嚴密的定義，明確規定其在含義和外部的範圍。人們憑著互相的心領神會來進行交流，因而任何發問者並不需要詳細說明自己所用概念的真正所指，對方也完全能心有靈犀。因而，發問者可以預期對方在自己的真正所指的範圍內做出反應。

但是，幽默的回答卻轉移了概念的真正所指，突然打破了這種預期。預期的失落，產生了意外，這還不算幽默感的完成，幽默感的完成在於意外之後猛然的發現。

概念被偷換了以後，道理上也居然講得通，雖然不是很通、真通，而是一種「歪通」，正是這種「歪通」，顯示了對方的機智、狡黠和奇妙的情趣。

概念被偷換得越是離譜，所引起的預期的失落、意外的震驚越強，概念之間的差距掩蓋得越是隱秘，發現越是自然，可接受性也越大。

在許多幽默故事中，趣味的奇特和思維的深刻，並不總是平衡的，有時主要給人以趣味的滿足，有時則主要給人以智慧的啟迪，但是最重要的還是幽默的奇趣，因為它是使幽默之所以成為幽默的因素。如果沒有奇趣，則沒有啟迪可言。

有這麼一則對話，曾經得到一些幽默研究者的讚賞。

顧客：「我已經在這窗口前面待了三十多分鐘了。」

服務員：「我已經在這窗口後面待了三十多年了。」

這個意味本來是比較深刻的，但是由於缺乏概念之間的巧妙聯繫，因而很難引起讀者的共鳴。這看起來很像是一種賭氣，並沒有幽默。服務員並沒有把自己的感情從惱怒中解脫出來。

相反的另一段對話。

編輯：「你的稿子看過了，總的來說藝術上不夠成熟，幼稚些。」

作者：「那就把它當作兒童文學吧！」

作者利用概念轉移法把自己從困境中解脫出來。他這樣回答不但有趣味，而且又有豐富的意味讓對方去慢慢品味了。因為被偷換了「兒童文學」的概念，不但有含蓄自謙之意，而且有豁達大度之氣概。

畫龍點睛：語不驚人死不休

語言是交通工具，它能表達人們的思想。有時你在選擇語言時，喜歡用較長的句子，但是，有的時候，一句較短的句子也可以簡明扼要地表達出你的意思。這叫作簡練、短小。所以，在生活中，你可以選擇那些優秀的簡短有力的語言。

很多時候，一兩句話就能起到「四兩撥千斤」的力量。隻言片語的「幽默」，就是通過層層鋪墊之後，在這種假設之中，突然發生逆轉，而表現出幽默的語氣。所以，一語驚人是幽默產生的一種方法。

所謂一語驚人式的幽默，是指在經過多方渲染，多次鋪墊之後，以一兩句簡單的語言作總結，這一句話往往出乎人們的預料，產生不可抵抗的幽默效果。一語驚人式的幽默是由這樣幾種要素組成的。在幽默的開始，往往要講一些交代背景的常識，通過這樣幾句話，使對方明白你所要表達的意思，這時大家都對這一事件的發生邏輯有了大致的瞭解，並且大致可以猜到事情發生的結果。但是在事件的最後，卻並沒有按它的本身邏輯發生，而由這一句話點出了它的發展方向，揭示了它的與眾不同的理解和結論，這時發生的突然逆轉，引起了人們出乎意料的驚奇。使人們在這種驚異之中與前面的原意進行對比，這時這種強烈的意外就會讓人們感到幽默。

幽默具有耐人尋味的藝術美感，但幽默與詩歌比較起來又需要新鮮感，詩歌要反覆吟誦，通過反覆吟誦而體會它的構思和韻味。而對於幽默，大多數情況下，人們在欣賞第二遍時，多數感到沒有了那份剛開始的新奇感。究其原因，是因為幽默是由神秘莫測到完全明瞭的過程，它有一個「謎」藏在其中，一旦謎底被揭開，則會令人索然寡味。因此，好的幽默、令人記憶猶新的幽默都是取決於它的巧妙的程度。

「能告訴我，你為什麼要從手術室跑上來嗎？」醫院負責人問一個萬分緊張的病人。

「那位護士說：『勇敢點，闌尾炎手術其實很簡單。』」

「難道這句話說得不對嗎，她是在安慰你呀。」負責人笑著對病人說。

「啊，不，這句話是對那個準備給我動手術的大夫說的！」

這裡人們按生活經驗感覺護士那句話是用來安慰病人的，但是卻不知道，在這裡，這句話並沒有按正常的理解方向去發展，而是出現了這種意料之外的結局。這種幽默通過病人一語驚人地說出了。

一天晚上某公司開職員大會，一開竟是三個多小時，問題還未講完，這時，一位中年婦女站起身來轉身向門口走去。

經理問：「你幹什麼？陳女士，要知道會還沒有開完呢！」

「我家裡有孩子呀！」

過了二十多分鐘，又站起來一位年輕的少婦。

經理問：「你要去哪兒呀？你家裡並沒有孩子呀！」

「如果我總坐在這裡開會，那麼，我們家裡永遠也不會有孩子的！」

這位少婦的幽默主要是諷刺會開得太久，把生孩子的事情都給耽誤了。這是一種不言而喻的暗示，但吸引你的是她的幽默感。

一語驚人式的幽默要注意，一忌「露」，幽默猶如謎語，不能過早地把幽默的成分洩露出來。「底」出現以前，一定要嚴守機密。二忌「俗」，幽默如果沒有新意，只是重複別人的過去的笑話，也不能給人以強烈的幽默感，只會讓人有一種似曾相識的感覺。

急中生「趣」：意想不到的上佳效果

情急之中的妙言巧答更能給人以趣味感。

世界是無序的，任何事物的發生都是必然性與偶然性的統一。這就是說，生活中我們經常要面對一些突如其來的事情，會覺得不知所措。但面對「急」來的事情，我們如果能夠沉著應對，「急」中求「智」，往往能夠帶來意想不到的上佳效果。

所謂「才思敏捷，妙趣橫生」式的幽默術就是在倉促面對問話時，充分調動全身的智慧，尋求「急」中而生的靈感，產生出令人信服的「智」的靈光。

演說家傑生在紐約演講之前，決定先到一家名小吃店吃點東西。

「你是初來本店吧？」一位男服務員問他。

「啊！是的，這是一個很好的地方。」傑生說。

「你來得很巧，」男服務員繼續說：「傑生今天晚上有精彩的演講，我想你一定想去聽聽嘍？」

「是的，我當然要去。」傑生說。

「你弄到票了嗎？」

「還沒有。」

「票已經賣完了，你只好站著聽了。」

「真討厭，」傑生嘆了口氣說：「每當那個傢伙演講的時候，我都必須站著。」

傑生吃完就走了，出門時被一位女服務員認出來了，對那位男服務員說：

「剛才那位是傑生。」

「啊！」那位男服務員忍不住哈哈大笑起來。

人在應急時，沒有充分的時間去思考，所以面對問話，往往採用怪答、歪答的形式去機智應付。

有一位青年為了在女友面前顯露才華，將自己的素描拿出來讓她欣賞。

「不錯，和我弟弟畫的水準不相上下。」女友說。

「你弟弟是美術專業的嗎？」

「不，他是小學三年級的學生。」

急中生智的另一種表現形式便是迂迴曲答，即對對方的詢問不直接作答，而是採用曲折迂迴的方式進行應答。

小女兒：「媽媽，幾個孩子中你最喜歡哪一個？」

媽媽想了想，反問：「十個手指頭，你最喜歡哪一個？」

小女兒指了指小拇指。

於是，媽媽拿起剪刀，佯裝要將小女兒其餘的手指剪掉。

「不要剪，不要剪。」小女兒叫道，「我個個都愛。」

小女兒明白了，母親是博大、無私的，不分彼此。

這位母親的妙招，不露聲色地平衡了微妙複雜的情感，對於小女兒的提問，這樣該是最佳的答方式。在此，幽默顯示了無可替代的作用。

我們在運用「才思敏捷，妙趣橫生」式的幽默方法時，語言一定要適度，追求以「智」服人。如果我們的語言沒有一定的分寸，就會給人一種無理、耍賴的感覺，幽默更是無從談起。

想要改變他人，就得充滿趣味

幽默是快樂的催化劑，如果你想發掘幽默力量的潛力來平息人生中的「風暴」，與他人建立和諧的關係，並達成你的人生目標，那麼趕緊將這力量付諸實施。幽默的力量不會自己產生，而是需要計畫和練習來創造它、發展它，還需要勇氣來接受它。

幽默容易辨認，但是不易分析，分析能幫助你運用幽默來創造幽默力量。當你把幽默付諸實踐的時候，你要判斷他人是如何反應的，必要的時候你要改變一下運用的方法。以幽默的力量來連接並引導你的個人生活、家庭生活和你的事業，然後看看結果如何。以新的人生觀來面對窮困、失意或是煩惱的處境，於是，你便能增強自信心。

幽默的力量也能夠用來解除灰心失意時的痛苦，化解一些尷尬的場面。

有一次，美國鋼琴家波奇在密西根州的福林特城演奏時，發現臺下的觀眾才不到一半，有些失望，但他很快調整好了情緒，恢復了自信，他走向舞臺的腳燈，對聽眾說：「福林特這個城市一定很有錢，我看到你們每個人都買了兩三個座位的票。」

於是，音樂廳裡頓時響起一片笑聲。

居於領導地位的人能夠幫助別人從新的觀點來接受他，儘管彼此意見不同。

一位議員在發言時，看到座席上的邱吉爾正搖頭表示不同意。

這位議員說：「我提醒各位，我只是在發表自己的意見。」

這時候邱吉爾站起來說：「我也提醒議員先生注意，我只是在搖我自己的頭。」

很多人對政府的措施和政策可能會有一些不滿，那麼何必發牢騷、抱怨、訴苦呢？讓妙語和警句的幽默力量成為你消氣的活塞。

幽默力量可以幫助你以輕鬆的心情對待自己，讓自己進行趣味的思考。那麼你就能讓別人發現你是個能冒險、敢嘗試、能面對錯誤、真誠表露自己的人，於是，你便能打開人類溝通的途徑。

幽默作家班奇利承認，他花了十五年時間才發現自己沒有寫作的天分。

「這時為時已晚！」他說，「我無法放棄寫作，因為我太有名了。」

當你能以輕鬆的態度來看待自己，而以嚴肅的態度來面對人生角色的時候，我們就肯定了自己的價值。

馬克・吐溫有一次在鄰居的圖書室裡流覽書籍時，發現有一本書深深地吸引了他，他問鄰居可否借閱。

「歡迎你隨時來讀，只要你在這裡看。」鄰居說，並解釋道：「你知道，我有個規矩，我的書不能離開這棟房子。」

幾個星期以後，這位鄰居拜訪馬克・吐溫，向他借用鋤草機。「當然可以，」馬克・吐溫說，「但是，依我的規矩，你得在這棟房子裡用它。」

就像馬克・吐溫一樣，當你想要改變他人的態度時，常常需要用充滿趣味的方式。

測試 你外表和內心哪個更高大上？

（1）快要吃晚餐了，你卻感到肚子餓了，你會選擇什麼充饑？

一片麵包↓到第（2）題

一個蘋果↓到第（6）題

一些泡菜↓到第（4）題

（2）你可以做到一邊看恐怖片一邊吃東西嗎？

可以↓到第（7）題

不可以↓到第（3）題

看情況↓到第（5）題

（3）看恐怖片的時候，你會刻意把電視聲音關小嗎？

會↓到第（8）題

不會↓到第（9）題

看情況↓到第（12）題

（4）你試過一個人晚上在家看恐怖片嗎？

試過→到第（7）題

沒有→到第（3）題

不記得有沒有→到第（11）題

（5）過生日的時候，你希望收到什麼禮物？

自己想要的禮物，不需要驚喜感→到第（8）題

只要是別人送的，不管是什麼都可以→到第（13）題

希望得到的禮物能實用→到第（12）題

（6）下面三種連續劇，你喜歡看哪種？

古裝片→到第（10）題

偶像劇→到第（3）題

美劇→到第（5）題

（7）如果硬要你吃下面三種食物中的一種，你會選擇：

沙蟲↓到第（9）題

河豚↓到第（14）題

老鼠肉↓到第（12）題

（8）你最反感哪一種人？

故作清高的人↓到第（16）題

自以為是的人↓到第（15）題

圓滑世故的人↓到第（19）題

（9）要你獨自在下面哪個地方生活一年，你絕對不願意？

只有一張床的房間↓到第（15）題

孤島↓到第（18）題

恐怖城堡↓到第（20）題

（10）被獨自關在什麼地方，會讓你更恐懼？

電梯裡↓到第（8）題
古堡裡↓到第（5）題
夜晚的遊樂場↓到第（13）題

（11）個人比賽游泳，你覺得誰會贏？
瘦弱的男人↓到第（14）題
強壯的女人↓到第（9）題
靈活的小孩子↓到第（7）題

（12）如果以下所說的三個人中，有一個人戴了假髮，你覺得是誰？
蘑菇頭的女生↓到第（20）題
大波浪的性感女郎↓到第（16）題
棕色頭髮的小夥子↓到第（15）題

（13）相比之下，你覺得自己哪方面才能最差勁？
音樂↓到第（17）題

寫作↓到第（16）題
繪畫↓到第（19）題

（14）下面三種電腦遊戲，哪一種會更吸引你？
網路遊戲↓到第（9）題
網頁小遊戲↓到第（19）題
棋牌類遊戲↓到第（18）題

（15）如果以下所說的三個人中，有一個是殺手，你覺得絕不會是誰？
個頭矮小的中年男人↓Ⓓ
身材普通的女人↓Ⓒ
瘦弱的年輕小夥↓Ⓑ

（16）你覺得下面所說的三種人，誰最寂寞？
心理醫生↓Ⓓ
殺手↓Ⓒ

畫家↓Ⓔ

（17）如果下面所說的三個少年，其中一個是問題少年，你覺得是誰？

喜歡穿黑色外套的少年↓Ⓕ

頭髮凌亂而偏長的少年↓Ⓔ

牛仔褲又髒又舊的少年↓第（20）題

（18）下雨天，你有急事要出門，卻找不到雨傘，你會：

穿上防水外套出門↓Ⓐ

淋著雨去搭車↓到第（20）題

帶一個帽子出門↓Ⓑ

（19）假如你有三個鄰居，其中一個半夜總是唱歌，你覺得是誰？

妖嬈的女人↓Ⓕ

又高又胖的男人↓Ⓓ

瘦弱的少女↓Ⓔ

（20）你的戒指掉在地上不見了，你首先會從什麼地方找起？

沙發底下→Ⓒ

牆角→Ⓑ

地毯邊緣→Ⓐ

測試分析

選擇Ⓐ：你外表的分數大大高過內心。

這不是說你內心分數不及格，而是你的外表太出色了。事實上，很多人在關注你外表的時候，就根本無心去瞭解你的內在到底是怎麼個樣子的。大多數人的目光都定在了你的臉龐上，壓根就懶得去管你的內心是美麗還是醜惡。如果你想要別人更重視你的內涵，不妨多表現自己吧。

選擇Ⓑ：你內心的分數大大高過外表。

你很重視個人修養，對於你來說一個人的外表並不代表什麼，而內心才最重要。道德對你來說是第一位的，內涵和修養還包括學識文化等等。你的一生都在不斷地提升自己的自我價值，你不輕佻不浮躁，你聰慧勤奮，常常為自己充電，你樂於學習更多的東西。

選擇ⓒ：你的內心和外表分數相當。

要想瞭解相由心生這個道理，看你就知道了。你的內心分數越高，外表的分數也就越高。雖然你的長相並不那麼標緻，但你屬於耐看類型。越是跟你相處長久，就越是會發覺你的好看，因為你內心的美德都顯示在臉上了。你的氣質勝過父母給你的容貌。

選擇ⓓ：你的內心分數略微高過外表。

看上去，你其貌不揚，但倘若肯瞭解你，就會發現，你其實是很有人格魅力的。很多人會因為你外表的平凡而忽略你的內在。大多數人的目光都被外表出眾的人吸引了，而你普普通通的樣子，實在是沒有人會想到你其實是一本很值得讀的書，是一本豐富的辭典。

選擇ⓔ：你的外表分數略微高過內心。

也許你也和很多外表出眾的人一樣，更希望別人瞭解到你的內在，但你的外表才確實是最吸引人的。有時候你會因為一些利益而做出錯誤的判斷。難免會令器重你的人覺得看錯了人。但因為平時對你的瞭解，始終你在他人心中的地位還是很高，不會因為一次兩次的錯誤就否定你。

選擇ⓕ：你的外表和內心分數都忽高忽低，而且變數非常不一定。

事實上，拿的外表和你的內心去比是比不出什麼結果來的。有的時候你很自律，而有的時候你又荒唐、放縱。你是個情緒化的人，心情好的時候什麼都好，看什麼都順眼，而心情不好的時候對什麼都不滿意。這就是導致你內心分數忽高忽低的原因。

第六章 邏輯思維：讓你的言行充滿影響力

以退為進思維：退一步再往前跳

當你向對方做出讓步的時候，首先會給對方留下你妥協、讓步的良好印象，進而使對方從你的退讓中得到心理滿足。此外，對方還會因為你的讓步，在思想上放鬆戒備，而且作為回報，在一定程度上也會滿足你的某些要求，但事實上，這些要求正是你的真實目的。

礦物工程師海・哈蒙特畢業於耶魯大學，在德國弗萊保做了三年的研究工作後，他想換一份工作。於是，他就去找美國西部的參議員鍾斯特。

鍾斯特是個頑固的現實主義者，他最不喜歡的就是那些一味講理論的人。所以，他當時直接就對哈蒙特說：「我最不滿意你的地方，就是你曾經在弗萊堡做過研究工作。你一定是個擅長做理論的傢伙，但我需要的是一個務實的工程師。」

哈蒙特忽然意識到自己該做點什麼，以便可以向鍾斯特證明自己。於是，他側著腦袋悄悄地對鍾斯特說：「我想和您說個事情，不過，這事情您絕對不能告訴我父親。」

鍾斯特點點頭，以示答應了他。

哈蒙特接著小聲對鍾斯特說：「其實，在弗萊堡那三年，我什麼都沒學。」

鍾斯特一聽，立刻說：「那好，你明天就過來工作吧！」

從這個簡短的場景中，你不難發現，哈蒙特之所以能夠讓鍾斯特答應自己工作的事情，關鍵就在於他對自己在弗萊堡學習理論這件事情做出了讓步。隨後他又迎合了鍾斯特的意願，說自己什麼都沒學到。言外之意，他沒有學到太多的理論知識。這正是鍾斯特想要的結果，所以鍾斯特最終答應了他的請求。

試想一下，如果哈蒙特沒有向鍾斯特做出讓步，沒有對鍾斯特說自己在弗萊堡什麼都沒學到的話，鍾斯特還會答應他工作的事情嗎？

答案可想而知，而哈蒙特運用的正是心理學中的以退為進策略。所謂以退為進策略，就是以退讓的姿態作為進取的階梯。「退」只是一種表面現象，實際上是為了獲得更大的主動權。它主要表現為，在你提出問題前，要懂得給對方留下「討價還價」的餘地，以便使對方在報價或還價時體會到你的讓步，滿足他們的要求。

例如，在商業談判中，那些聰明的談判高手往往都懂得運用此策略。

一次，維斯代表公司去做一項談判。他們公司是賣方，目的很簡單，就是盡可能地出售公司的產品。公司給維斯定了一個底價，低於這個底價就不能成交。

但在談判之前，維斯竟然說出了比這高一倍的價格。

當時，對方的態度很明確：「要價太高，拒絕合作。」維斯想，最多在要價的基礎上降低一半。如果對方再拒絕，他也無能為力，因為這已經是他們公司的底線了。結果，維斯順利地以高出公司所說底價半倍的價格，售出了公司的產品。

那麼，為什麼在面對那些反對聲音的時候，只要你懂得做出讓步，就能夠贏得人們的認可，並最終掌握戰場上的主動權呢？這是因為，當你向對方做出讓步的時候，首先會給對方留下你妥協、讓步的良好印象，進而使對方從你的退讓中得到心理滿足。此外，對方還會因為你的讓步，在思想上放鬆戒備，而且作為回報，在一定程度上也會滿足你的某些要求。但事實卻是，這些要求正是你的真實目的。

此項策略在說服他人、影響他人上雖然有一定的功效，但要真正地做好並不容易。在運用此項策略的時候，還要掌握一定的方法和注意事項。具體如下：

（1）你的讓步不能做得太快

雖然在爭取對方同意你的觀點，以及接受你意見的時候，運用讓步策略，利於滿足對方的心理，進而同意、支持你，但在運用此項策略的時候，也要掌握好度，不能讓步太快。否則，不僅不會使對方在心理上得到滿足，反而容易讓對方懷疑你的讓步有詐，進而進一步地試圖讓你做出讓步。要慢慢地讓步，這樣更容易使對方相信你，也更容易讓對方在心理上得到滿足。也就是說，對方等待越久，越會珍惜得之不易的東西。

（2）不能做無謂的讓步

在做讓步的時候，一定要注意讓步的品質。也就是說，你的讓步要儘量用在對方最在意的事情，或者最強烈介意的事情上，即每個讓步都應該指向可能達成的協定，這樣對方對你的讓步才會體會更深、印象更深。簡單概括就是，每次讓步或是以犧牲眼前利益換取長遠利益，或是以自己的讓步去換取對方更大的讓步和優惠為宗旨。

（3）在不瞭解的情況下，最好讓對方先開口

在你試圖說服人們去同意你的觀點以及意見的時候，難免會碰到那些行家，或者懂得行情的人。和這些人相比，可能你並不佔有主動權。這時候，最好的辦

法就是不要主動先開口。要爭取讓對方先開口說話，讓對方去表明他們的觀點。這樣對方由於暴露過多，迴旋餘地就小，而這時的你也便掌握了場上的主動權。

重複定律：重要的事說三遍

人們重複的時候，他的執著、誠懇精神，會在對方面前表現得淋漓盡致，進而易於感動對方，也易於讓對方接受。此外，在人們不斷重複的過程中，對方內心往往會承受很大的壓力。為了擺脫這種壓力，他們往往會對你重複的事情表現得更加積極。

肯德基的創始人桑德斯，在創業初期經歷過特別的事情。

當時，桑德斯身上只有政府分發的一百零五美元救濟金。他拿著這僅有的一筆錢開了一家小店，店裡的生意很好。

這次開店的經歷，激起了他的工作熱情。他準備做一番事業，但他開小店掙的那點錢遠遠不夠，思慮再三之後，他覺得唯一能夠幫助他的資本，就是他擁有的用十一種香料配製的炸雞秘方。於是，他開始想方設法地將這些秘方賣給那些開餐館的人，以便自己可以獲取更多的資金。

第二天，桑德斯就駕著一輛老爺車，在美國大街小巷的餐館中出售他的炸雞秘方。幾天過去了，儘管他給很多人做了演示，但卻仍然沒有一個人對他的炸雞秘方感興趣。他一次又一次地被拒絕，一次又一次地重複著這件事情。

終於，在他去一家餐館出售秘方的時候，老闆被他不斷重複以及多次演示的誠意打動了，桑德斯則為自己爭取到了一次機會。

正是這次機會讓他步入了開辦肯德基連鎖店的事業中。

從桑德斯的成功之路上來看，人們發現那些不放棄的重複起到的重要作用。所謂的重複，也就是心理學上說的重複定律，桑德斯的第一次機會，正是重複定律在無形中發揮作用給予的。

那麼，什麼是重複定律呢？

簡單地說，重複定律是指，任何的行為和思維，只要你不斷地重複灌輸給對方，對方的潛意識裡就會得到不斷的加強，進而漸漸地將這件事情、思維、行為在潛意識裡變成事實。這種由「重複定律」導致心理的變化，並最終被人們很好地利用、為自己服務的事實並不少見。

例如，生活中，丈夫下班回家換完拖鞋後，經常不會直接將鞋放在鞋櫃裡，妻子最厭煩的事情，便是丈夫的這一舉動。於是，每天只要妻子看見這個狀況後，就會邊放鞋邊嘮叨上幾句。

某一天，妻子發現丈夫下班回來後，乖乖地將鞋放到鞋櫃裡面了。

這便是不斷重複的影響力，也可以說妻子不斷重複的話語，讓丈夫對於放鞋子的事情印象更加深刻，而一個人對什麼事情印象深刻的時候，又會更積極地去做這件事情。

當然，在運用此策略的時候也要掌握方法，注意相關事項，這樣往往更容易贏得人心，也更易於獲取他人的支持。

（1）重複也要適可而止

雖然重複定律告訴人們，不斷地重複更容易讓別人印象深刻，也更易於贏得人心，博得他人的支持，但在運用此方法的時候，也要掌握好分寸，就是你的重複不能太過頻繁，以免讓人對你產生逆反心理。

一旦一個人逆反心理上來的時候，他對你說的任何事情以及任何觀點，不管好壞，也不管對與錯，往往都會一概排斥。對於這一現象，人們喜歡用「過猶不及」去形容。也就是說，重複也要適可而止。

（2）重複的時候只說關鍵字

生活中，很多人之所以不能很好地運用重複定律，並不是重複定律本身有什麼難以理解的地方。而是人們在重複的時候，喜歡說很多沒用的閒言碎語，而這些多餘的話又容易讓對方找不到你要說的重點，甚至會不知所措地認為你在「嘮叨」「抱怨」「囉唆」……例如，有的母親催促孩子學習，她們重複的時候，往往不說些學習的事情，而是說些「你怎麼這麼不聽話就知道玩，一看就是沒出息的孩子」等說了很多，卻唯獨沒有說到學習上。而孩子呢，卻認為母親只是在責備自己，更不能明確地知道母親的想法。

試想一下，在這種環境以及重複下，你的重複能發揮功效嗎？相信一定不能，甚至還容易讓人誤解為你在故意刁難對方。所以說，在運用重複定律的時候，一定要抓住你想要表達的關鍵字。

赫洛克效應：適當給予讚美

當你稱讚一個人的時候，對方在你的肯定以及鼓勵下，就會湧現出一種愉悅的心情和振奮的精神。多數時候，為了進一步體會這種因為稱讚帶來的快感，他們往往會表現得更加努力和積極，以便下次繼續獲得這樣的快感。

詹森夫人曾雇用了一個保姆，為了更詳細地瞭解一些保姆的情況，她曾給女保姆的前主顧打了一個電話。她瞭解到的情況是對方的缺點很多，在雇用期間的表現並不是很好。

過兩天，保姆就去詹森夫人家做工了。在保姆進門的第一天，她就對保姆說：「斯雅，我很喜歡你，也覺得我們能夠愉快地相處。前兩天我還曾給你的前主顧打過電話，問了一下你的情況。她告訴我說，你是一個既忠厚又可靠的人，而且還能燒一手好菜，帶孩子更是細心周到。唯一不足的地方是不太會整理家務，所以，有時房間會有些凌亂。我覺得她的話不一定完全正確，看你乾乾淨淨的樣子，一看就是個愛乾淨的女孩，相信在未來的日子裡，你一定會將家裡打掃得乾乾淨淨的，對吧！」

結果，在以後的日子中，她們真的相處得很愉快。斯雅很勤快，更是將家裡打掃得很乾淨。

詹森夫人之所以能夠讓斯雅勤快地工作，並且能夠把家打掃得乾乾淨淨，和她在與斯雅的接觸中及時地給予對方稱讚和表揚是分不開的。詹森夫人稱讚保姆斯雅的做法，事實上是赫洛克效應起到的作用。

那麼，什麼是赫洛克效應呢？

赫洛克效應是以著名心理學家赫洛克命名的，主要強調的是及時對人進行評價，特別是稱讚等積極評價，能強化對方的工作動機，促使其更努力地投入到工作中，進而提高效率。

對此，著名心理學家傑絲・雷爾就曾說過：「稱讚對溫暖人類的靈魂而言，就像陽光一樣。沒有它，我們就無法成長開花。但是，我們大多數的人只是敏於躲避別人的冷言冷語，而我們自己卻吝於把稱讚的陽光給予別人。」

當你稱讚一個人的時候，對方在你的肯定以及鼓勵下，就會湧現出一種愉悅的心情和振奮的精神。多數時候，為了進一步體會這種因為稱讚帶來的快樂，他們往往會表現得更加努力和積極，以便下次再獲得這樣的快樂。

此外，人們還應該明白這樣的道理：在現實生活中，沒有不需要被稱讚的人，同樣也沒有不畏懼責怪和批評的人。要知道，每個人內心都希望自己所付出的努力被別人看到，也都希望自己所取得的成績被別人認可。這也就不奇怪為什麼人們得不到稱讚和鼓勵的時候，會感到心灰意冷，進而做事情的時候提不起積極性。也就是管理者們在員工做出成績後，會積極鼓勵、表揚對方的主要原因。

所以說，當人們在試圖說服對方，或者讓別人更好地支持自己、配合自己，為自己做事情的時候，一定不能吝嗇你的稱讚，要用稱讚將別人往你希望的路子上引。例如，如果你想矯正一個人的缺點，那麼不妨反過來稱讚一下對方的優點。這樣他多數時候都會樂於迎合你的希望，進而逐漸地改變自我。

（1）公開場合稱讚對方，讓其印象更加深刻

大多數人都有過這樣的體驗，在課堂上，老師表揚了你，你會覺得非常有面子，以至於下次回答問題的時候，你會表現得比其他人更加努力、更加積極。

人都有共性，你要想讓別人更好地跟隨你、支持你、認同你，那麼在合適的場合、合適的地方，你就要善於當著大家的面稱讚對方、表揚對方，以便他在日後會表現得更加積極。

（2）私下讚美更易贏得人心

有時你也會有這樣的感受，如果有人當著你面，私下對你說：「你這次做得非常不錯，好好幹！」相信你即使聽的時候，嘴上表現得很謙虛，心裡也會美滋滋的，進而表現得更積極。同理，其他人其實也同樣如此。

此外，當你私下裡單獨找他，稱讚他的時候，對方會覺得你關心他、在意他，甚至會認為你是一個懂得欣賞他的人，這樣對方也會更積極地為你效力。

最後通牒效應：下一道「通緝令」

人們往往有這樣的心理，覺得一件事情還沒到最後關頭，所以是能拖就拖、能等就等。等到最後，實在拖不了、等不了的情況下，才會匆匆去做。而當你給他設定一個最後的期限，或者下最後一道「通緝令」的時候，這個期限便會成為等不了、拖不了的約束條件，進而他會及時地配合你、支持你完成相應的任務。

那麼，什麼是最後通牒效應呢？

心理學家認為，所謂最後通牒效應，是指對於不需要馬上完成的任務，人們總是習慣於在最後期限即將到來時，才努力去完成。也就是說，大多數人具有一種拖拉的傾向。

正因為人們會習慣地向後拖拉，所以，那些聰明人在試圖讓他人配合自己，或者支持自己做某件事情的時候，總能巧妙地利用好這種慣性，給對方設定一個最後通牒的時間。這樣一來，對方往往便能及時按照他的想法完成相應的任務或者要求。

雖然為別人設定最後的通牒，利於掌控他人、駕馭他人，但在設定的時候，也要掌握方法。

（1）最後通牒的時間要提前

既然人們通常到最後一刻才會努力地去完成相應的任務，那麼你在要求對方辦事情，或者要求對方完成任務的時間便可以提前。也就是說，你為對方規定的時間可以提前幾天，以便你能更好地掌控局面和主動權。

例如，如果你是老師的話，在給學生留作業的過程中，本來是星期二交作業便可以，這時你便可要求學生在星期一就交上來，這樣你在星期二的時候，往往就能收到全部作業了。

（2）最後通牒時，可增加點嚴重性

你可能有這樣的體會，如果別人告訴自己，自己做不好這件事情，將受到什麼樣的懲罰時，你往往便會產生幾分畏懼感，進而在做事情的過程中，不僅在規定的時間段內完成對方交給自己的任務，而且還會表現得精益求精。

當你希望對方更好地完成你說的任務或者事情的時候，可以在最後的通牒中加上點「虛假」的嚴重性。例如，如果對方在工作中總是犯粗心大意的毛病，你想糾正他這個錯誤，可能多次的勸說不見得管用。但如果你告訴他，他再犯這樣的錯誤，將不能在公司工作，或者將扣除當月的獎金，他往往就會將這份警告牢記在心。

換湯不換藥，做個會說話的人

只要有一點常識的人都知道，「一加二」等於三，「二加一」同樣等於三，「一加一加一」還是等於三。假如用邏輯分析這個數學問題，我們可以將「三」視為目的，將「一加二」「二加一」「一加一加一」視為達到目的的不同方法。

如果是說話，那麼我們可以將「三」視為你最終想表達的意思，將「一加二」「二加一」「一加一加一」視為不同的說法。這就是說，同樣的意思，可以用不同的方式說出來。只不過有時候，用錯誤的方式說出來，無法達到你想要的目的。因此，在說話之前不妨用邏輯的思維反推一下：「如果我用這種方式說話，會達到目的嗎？」如果答案是否定的，那就趕緊換一種對自己有利的方式去溝通。

蕭何是劉邦打江山的得力幫手，也是幫劉邦治理天下的卓越功臣。因此，他被劉邦特賜「帶劍履上殿，入朝不趨」之權。其實，蕭何不僅管理能力出眾，口才更是一流。

在劉邦還未登上皇位的時候，蕭何就開始張羅著大興土木，為劉邦建造未央宮。劉邦覺得太過奢華，看不下去了，就怒斥蕭何：「天下未定，連年戰亂，現在成敗都不知道，你怎麼能建如此豪華的宮殿？」

蕭何伏地請罪，然後從容地說：「正因為天下未定，才需要建造皇宮休息啊！天子以四海為家，皇宮不壯麗怎麼能體現天子的威儀？再說，這也不是奢華，而是要給天下人定一個標準，讓後來者不能超過這個標準。」

聽了蕭何的話，劉邦點頭稱是，便不再說什麼了。

乍一聽蕭何的話，會覺得修建皇宮根本就不是奢侈浪費、逢迎拍馬，而是憂國憂民。但稍一分析，就可看出蕭何修建皇宮還是奢侈浪費，為什麼這麼說呢？因為蕭何已經承認了，蕭何說：「這是要給天下人定一個標準，讓後來者不能超過這個標準。」後來者都不能超越這個標準，可見這個皇宮修建得有多豪華，這不是奢侈是什麼？

蕭何的聰明就在於，同樣的意思他懂得換一種更動聽的說法，讓劉邦聽著心裡舒服，然後心安理得地享受蕭何為他建造的奢華皇宮。這就是我們常說的「換湯不換藥」。換湯不換藥之後，別人願意喝你熬的藥，是因為你在藥湯裡加了一些美味的佐料，這個佐料就類似蕭何那動聽的說法。

史上記載，五代的後唐莊宗李存勖是一介武夫出身，嗜好田獵。有一次他巡遊狩獵，龐大隊伍行進樹林時，嚇到一隻兔子。李存勖一見大喜，立刻驅馬去追兔子。後面的侍衛隊一看，也急忙擁簇奔馳，跟了過去。

眼見就要追上，李存勖忙搭箭射去，原可以射中了，誰知那兔子卻像背後有眼一般，突然一拐彎，從荒嶺上直向麥田深處竄去。

李存勖看見兔子突然拐彎逃開了，他哪肯甘休，拍馬向麥田馳去。侍衛隊怕皇上有閃失，大批人馬也跟了過去。

頓時，金燦燦的麥田被馬蹄踏得東倒西歪。然而，那兔子卻死命地往麥田裡鑽，李存勖等人緊追不捨，眼見即將可以收割的一片麥田，就這樣被糟蹋在眾多馬匹的鐵蹄下。

這時，地方縣令勘察民情，剛好經過這裡，老遠見有馬隊在麥田裡馳驅踐踏，還以為是哪個富家子弟在撒野，不由心中怒火升起，拔腿就抄近路截了過去，抓住李存勖的馬頭。

李存勖追得正在興頭上，突然被人截住，不由得勃然大怒地大喝一聲。

這時，縣令一見這馬飾和騎馬者的華麗服裝，才知是皇上，心想闖了大禍，嚇得冷汗直流。

李存勖再看那兔子，早已跑得無影無蹤，自己追了半天等於白費了勁，怒從心起，喝令左右將縣令拉下去斬首。

這時，侍衛馬隊中站出一個人來，大家一看是伶官敬新磨。原來李存勖不但好打獵，也愛聽戲、唱戲，無論在宮中還是在宮外，都讓資深伶官跟在身邊，抽空給他唱戲解悶、取樂。

敬新磨不但戲唱得好，而且語言詼諧，有智有勇，常常用開玩笑的方式規諫莊宗。

這時，只見他來到李存勖前，高聲說：

「慢殺！皇上，讓我把他的罪狀數落一遍，讓他死得心服口服！」

李存勖看到敬新磨，頗感興趣地說：

「你幫我教訓一下他犯了什麼罪吧！」

敬新磨說：「遵命！」

說完，敬新磨來到縣令面前，大喝：

「你有死罪，知道嗎？你難道不知道咱們皇上愛好打獵？為什麼還讓老百姓種莊稼交國糧呢？你為什麼不讓老百姓餓著肚皮，空出地來讓咱們皇上打獵用呢？你真是該死！」

眾人大笑。

李存勖聽出了敬新磨話中加有深意，於是笑了笑，對縣令揮手說：

「你走吧！」

就這樣，縣令撿回了一條命，叩頭謝恩而去。

從今以後，再也沒有人看輕這位戲子，甚至為他的機智反應拍手叫好。

大家可想而知，皇上正在氣頭時，如果跑出一個直言的大臣，可能雙雙都會斬首。

然而，伶官只是戲子，如果皇上太當真要治罪，顯得沒有氣度。再者，敬新磨懂得把諫言包裝在幽默的話語中，他人乍聽也聽不出什麼玄機，等於給皇上找了個臺階下。

這兩個故事告訴我們，同樣一件事，說話的意思也相同，但用不同的說話技巧去表達，換來的結果是不同的。所以，我們要善於使用說話的方式，用別人更樂於接受的方式表達我們的觀點，這樣才能達到求人辦事的目的，才能成為受歡迎的人。

動機適度定律：別觸發聽眾的戒備心理

當你試圖說服他人接受你的觀點，或者按照你的想法做事情時，如果動機表現得太強，對方就會很容易感覺到你的別有用心，或者另有企圖。這樣一來，他們的戒備心理便會提起來。而一旦對方有了戒備心理，你便很難去說服他們按照你的意志辦事情了。

生活中，你經常會有這樣的體會，當你想求助對方的時候，如果只是在和對方聚會、吃飯的時候，順便拜託對方一件事情，對方多半會毫不猶豫地答應你，進而這事情也就解決了。但當你為了這件事情，專門選個時間，直接找個地方和對方見面，或者請人家吃飯，並且其間一直說你要求對方辦的事情，那麼對方反而會帶著那麼幾分不情願，即使答應也不會那麼爽快。

為什麼會出現這樣的狀況？這是因為，你的動機太強了，反而會讓人覺得你這個人不夠坦誠、不夠真實，太有心機，進而不願受你的左右。

此外，你還應該看到這樣的現象：當你動機太強的時候，你的行為就會不受控制，進而表現得太過急功近利，或者太過有目的性，結果讓人一眼看穿、看透。而人們呢，又有不受他人支配的心理。當他們知道了你的動機或者別有用心後，便會出於自我保護心理，本能地拒絕你，甚至朝著與你最初動機截然相反的方向做事。

而那些成功的聰明人無疑都是非常懂得此項策略的人，並且總能用此策略很好地實現自己的目的。例如，有些聰明的員工在與領導外出的時候，總能無心地聊上幾句自己對一些事情的看法，以及說一些看上去無關緊要但卻能彰顯自己能力的事情。結果，領導多數時候會覺得他的想法不錯，有點道理，他這個人也挺有能力，進而在下次工作中不知不覺地採納他的意見。

但要想運用並掌握此項策略，就要掌握如下具體方法。

（1）出招的時候，要給自己找一個擋箭牌

當你在求助別人，或者爭取讓別人同意自己意見的時候，要懂得給你自己找一個擋箭牌。對於這種方法，並不難理解。例如，你有事情想讓老同學幫忙，便給對方打電話。打電話的時候，你便可以先問候一下對方，然後和對方聊聊近況等。然後，再順便說一下自己要求助的事情。這樣老同學多半會答應。但如果你開門見山，直接就求助人家，儘管對方也會答應，但心裡多少會有點情緒，覺得你不夠關心自己，不體諒一下自己，甚至認為你是「無事不登三寶殿」的人。

（2）說事情時，不能給人以你必須按我說的來的印象

在向對方講述一件事情，或者徵詢對方意見的時候，你不能表現得太過強制性了，也就是說不能讓對方覺得，這件事情他必須聽你的。如果你給對方留下這樣的印象，那麼對方很可能會在逆反心理的驅使下，對你的目的以及動機更加排斥。

你要善於引導對方，讓他覺得這件事情能按照你說的來最好，不按你說的辦對你也沒什麼大的影響。這樣，就容易給對方造成並不完全是為了自己的目的，才去說這個觀點或者做這件事情的假象，這反而容易說服對方轉變態度，進而同意你說的。

多加個「請」字，你絕對不吃虧

俗話說：「會說話的人說得人笑，不會說話的人說得人跳。」事實上也是如此。人人都喜歡被人尊重，人人都希望自己是別人的老師。那麼在社交場上，在雙方交流的時候，不妨用請教的態度和人說話，這無疑會增加對方對你的好感。

請教的潛在含義，首先是尊重別人，然後才是需要得到別人的幫助。這在對方來說，有一種優越感，即使是對你有敵意的人，只要你用請教的姿態，他也會放下敵對情緒來幫助你。

請教，不僅是一個學習的過程，其實更是一種社交的能力。

一個人要想在社交方面有所建樹，那麼就該努力地把握好社交的技巧。

很多人都有這樣的體會：當別人向你請教的時候，無論你是多麼的忙，或是自己根本不知道如何作答，你都會很耐心，甚至不懂裝懂地去應對，內心還常帶一絲驕傲。

當你幫助別人解決了某個問題的時候，你會從中得到很大的快樂。因為別人向你請教，說明你在某方面具有優勢，你受到了別人的重視，你比別人強！

的確如此，不妨你把平時與人說話的態度改變一下。如果你要說的話是：「你告訴我這到底怎麼處理好？」「幫我一個忙吧！」

你試著改成：「你可以幫我一個忙嗎？」「有個問題想請教你一下。」「請教你一個問題可以嗎？」

你可以斟酌一下兩種態度將會產生的不同效果。前者雖然說起來很隨意，但說得不好，就會形成一種命令式的口吻；而後者就謙虛多了，先把自己放在一個較低的位置，然後向對方請教。而且，當你說「有個問題，我想請教你一下」，「有個忙，不知道你能不能幫幫我」的時候，還有一個特別的好處，就是能勾起對方的好奇心，他會想知道「這究竟是個什麼問題呢？」同樣的問題，只要你改變一種方式和態度，就讓人聽著舒服多了。這就是中國語言的魅力。因此，在社交活動中，你可以把一句話變著法兒說，最後接受到的回饋就會高低不一。

請教是表示虛心，表示謙遜，同時也是表示尊重對方的意思。

孔子云：「三人行，必有我師焉。」當然，在具體請教的時候，還有一些要注意的方面。

首先，態度要誠懇，你既然是把對方當作「老師」「專家」，那麼就要從心理上表示這樣的態度，不要一面說著請教對方，一面又不把對方當一回事。

其次，請教別人之前，最好自己先動腦筋想一想，不要提起問題時不假思索，馬上就問。當你自己對問題有了一點瞭解後，別人再講，你容易接受，而且，如果你事先已想過如何去解決，別人就會覺得你認真，而願意幫你。

無論你面對的是怎樣的人，哪怕他平時什麼都不是，你這樣一請教，無意中激發了他的自信和滿足感，每個人都有希望突出自己的願望，而你正好滿足了他這樣的一個願望，因此，在你請教的同時，不但不會使他感到麻煩，反而能博取他的歡心。

當然，職場如此，家庭也是如此。一個智慧的人，既能在社交中深得別人的敬重，也能很好地維持一個幸福家庭。你只要在這些方面下點工夫，也可以自如地遊走在社會和家庭之間。

測試 測測你的抽象思維能力

（1）你在電影和電視劇中發現過不合情理的情節嗎？

Ⓐ 多次發現 Ⓑ 偶爾發現 Ⓒ 沒有

（2）在朋友們面前發覺自己不小心做了不得體的事時，你是否能迅速給自己找一個臺階下（如開一句玩笑），以擺脫困境？

Ⓐ 是 Ⓑ 不能確定 Ⓒ 不

（3）你寫信時常常覺得不知如何表達嗎？

Ⓐ 不 Ⓑ 不能確定 Ⓒ 是

（4）大多數情況下，你只要一看（小說或影視）故事的開頭，就能正確猜到結局如何嗎？

Ⓐ 是 Ⓑ 不能確定 Ⓒ 不

（5）你善於分析問題嗎？

Ⓐ是 Ⓑ不能確定 Ⓒ不

（6）你愛看偵探小說或影視片嗎？

Ⓐ是 Ⓑ不能確定 Ⓒ不

（7）你說話富有條理嗎？

Ⓐ是 Ⓑ不能確定 Ⓒ不

（8）你覺得想問題是件很累的事嗎？

Ⓐ是 Ⓑ不能確定 Ⓒ不

（9）你有時將問題倒過來考慮嗎？

Ⓐ是 Ⓑ不能確定 Ⓒ不

(10)你可以很輕鬆地弄清一篇文章的要點嗎？

Ⓐ通常能　Ⓑ有時能　Ⓒ不能

(11)你常與他人辯論嗎？

Ⓐ是　Ⓑ不能確定　Ⓒ不

(12)當你發覺說錯話時，是否窘得再也說不出話來？

Ⓐ不　Ⓑ不能確定　Ⓒ是

(13)你是否能輕易地找到一些笑料使大家都笑起來？

Ⓐ常常能　Ⓑ有時能　Ⓒ不能

(14)有人認為你說話常不著邊際嗎？

Ⓐ不　Ⓑ不能確定　Ⓒ是

(15)你對世界上很多事物及其活動規律看得比較透徹嗎？

Ⓐ是 Ⓑ不能確定 Ⓒ不

(16)當你告訴別人什麼事情時，你常會有詞不達意的感覺嗎？

Ⓐ不 Ⓑ不能確定 Ⓒ是

(17)你在下棋、打撲克這些智力遊戲中常取勝嗎？

Ⓐ是 Ⓑ不能確定 Ⓒ不

(18)你的提議常被別人忽視或否定嗎？

Ⓐ不 Ⓑ不能確定 Ⓒ是

(19)當你的同事或朋友有問題時是否會向你諮詢？

Ⓐ是 Ⓑ不能確定 Ⓒ不

(20)你常不假思索地接受別人的意見嗎？

Ⓐ不 Ⓑ不能確定 Ⓒ是

(21) 在別人與你寒暄而尚未切入正題之前，你常常已經大致猜到對方的意圖嗎？

Ⓐ是 Ⓑ不能確定 Ⓒ不

(22) 看完一篇文章，你是否能馬上說出文章的主題？

Ⓐ通常能 Ⓑ有時能 Ⓒ不能

計分方法

每題答A記2分，答B記1分，答C記0分。各題得分相加，統計總分。

測試解析

0～15分：表明你講話、想問題缺乏邏輯，抽象思維能力較弱。

16～30分：說明你的抽象思維能力一般。

31～44分：表明你的抽象思維能力較強，你善於抓住問題的關鍵，說話也顯得有條有理。

下／別激動，我是逆襲心理學

第七章　別玩套路：知世故而不世故才是成熟

為什麼人們總會將自己的想法強加於人？

你要善於給對方以正確的投射，這樣對方才會對你印象深刻，才會對你心存感激。而當一個人對你印象深刻、記憶猶新的時候，你向他尋求幫助，還有什麼困難嗎？

美國第三十九任總統吉米・卡特畢業於海軍學院，在校時的成績優異。他曾在全校八百二十名畢業生中名列第五十八名。一直以來，他都覺得這個成績是很理想的，有時還會暗暗地因為這個成績而感到自豪。

畢業不久後，他遇到了海軍上將科弗將軍。當時，將軍想讓他介紹一下自己，談論一下過往的經歷以及一些事情。吉米・卡特一聽很高興，他覺得在這一環節中，他一定能夠獲得科弗將軍的喜歡和讚賞，便自豪地提起自己在海軍學院的成績。

他以為將軍知道他的成績後，一定會對他刮目相看，讚賞他年輕有為。可令他沒想到的是，將軍不僅沒有任何驚訝的表情，而且還反問了一句：「你盡力了嗎?為什麼不是第一名?」

將軍的這句反問，給了吉米・卡特很大的觸動，他不知如何作答。這件事情雖然過去了，但是與科弗將軍的對話，給了他很大的啟示：「不能以自己的喜好去投射別人」。

從前述故事中，人們不難發現，他之所以在博得科弗將軍讚賞上受到挫折，關鍵不是他不夠優秀，而是因為他從自己的角度出發，用自己的喜好去投射給了將軍。而將軍真正關心的東西可能並不是他的成績，而是其他的。也就是說，吉米・卡特沒有給將軍做出正確的投射，也便不能博得其對自己的喜歡和讚賞。這種現象，心理學上稱為投射效應。

所謂投射效應，簡單說就是指以己度人的現象，即人們容易犯下認為自己具有某種特性，他人也一定會有與自己相同特性的錯誤。主要表現為，人們總是把自己的感情、意志、喜好投射到他人身上，並強加於人的一種認知障礙。

可反觀現實生活，你經常會發現這樣的現象，朋友過生日，你可能精挑細選地挑了一件你認為最漂亮的禮物，但送給朋友後，你會發現朋友並不怎麼喜歡，也很少用；當領導讓你按照計畫表做一件事情的時候，可能是為了顯示自己的能力，你總會用另外的辦法做這件事情，但卻遭到老闆的責備。事實上，這些現象都是錯誤投射導致的結果，都是不能從對方的立場考慮問題，不能站在對方的角度上，去影響其幫助自己達成目標。

為什麼人們總會將自己的想法錯誤地投射給他人呢？這是因為，在人們慣有的思維中，他們在從事某一件事情，哪怕是給對方好處的事情上，也會受到自我思維定式的影響，進而不能實事求是地站在對方的立場上去觀察和思考。例如，有的母親一直想要成為歌唱家，自己沒有如願，便會想方設法地將自己的夢想投射給她的女兒，希望女兒也成為歌唱家。

對於正確投射效應的應用，那些聰明的成功者無疑都是很懂得此策略的人，並且他們總能根據對方的喜好，不停地調節自我的節奏，以便自己能更好地適應對方。

要做到正確投射，同樣也需要掌握方法。

（1）站在對方的立場上考慮問題

人們要想給周圍的人做出正確的投射，就要站在對方的立場上考慮問題。這就告訴人們，即使是為了拉近距離，試圖給予對方好處，也要從對方的立場出發，從他的喜好、性格、特徵去給予，而不是想當然地把自己喜歡的東西投射到別人身上。

（2）學會換位思考更易洞悉對方的心思

遇到問題，首先要從自我的立場出發，這是人之常情，每個人或多或少都會遇到這樣的事情。也正是如此，讓人們經常做出錯誤的投射。這就警示我們，在做事情或者掌控他人的時候，一定要學會換位思考，這樣才更能揣摩出對方的心思，才更容易洞悉對方的心理。

你聽得懂「弦外之音」嗎？

每個人講話時的目的不同，所以內心組織一次對話時的傾向性也不同，談論的側重點也會不一樣。而當你認真聽對方說話的時候，往往便能及時地捕捉到這些訊息，進而可以有效地避免自己為別人所用。

有些身分、地位比較高的人說「歡迎大家提意見」時，不要過於當真，有時候只不過是場面話，所以，他們雖然嘴上說請大家多多指教，其實是想聽到更多的鼓勵和讚揚，而不是批評與反對。即使你是對的，也必須給足對方的面子，否則會大大傷了他的自尊。

這就是說者隱晦的「弦外之音」，它隸屬於心理學中的一個身體語言的分支，並且能很好地幫助人們「透視」他人的內心世界。

社交中的人，不論是在會議、酒會、宴席等，凡是擺出一副毫不在乎的神態說：「大家有什麼儘管說，別客氣。」你千萬不要當真，說不在乎的人，才是最在乎的。他說的「有什麼儘管說」的潛在意願是要聽到你的一些讚美的話。

又比如，很多時候，你的上司或朋友想要指出你的錯誤，都會費盡心思地先讚美你一番，一方面讓你在溫柔的話語裡放鬆警惕，另一方面，避免直戳你的傷口而讓你感到不高興。

因此，你要聽懂對方的「弦外之音」。

（1）專心傾聽，能動理解

要想知道對方表達的究竟是什麼意思，是不是有其他的想法或者暗示，關鍵就是你要善於傾聽對方的陳述。因為對方說得越多，漏洞疑點也越多，而這無疑是讓你瞭解他的最佳時機。

同時，在專心傾聽的基礎上，還要讓自己保持一個能動的理解。在傾聽的過程中，不僅要用耳，而且要用全部身心，不僅是對聲音的吸收，更是對意義的理解。只有這樣，你才能掌控場上的主動權，才能更深入地瞭解對方的目的，進而及時採取措施，展開下一步的行動。

（2）不要拘泥於方式，而應注意內容

一般來說，談話方式和談話內容是相輔相成的，具有內在聯繫。但由於有的人不願意將自己的話語內容直接被別人聽出來，所以，經常會採取一些婉轉、隱蔽性的話語，旁敲側擊。

到這時候，就更需要在傾聽對方談話的時候，做到不拘泥於方式，而應注意內容。只有這樣，才更能抓住事情的關鍵、話語的重點，進而瞭解對方的心思。

對有逆反心理的人，不如「將計就計」

逆反心理最直接的表現就是不願意與人合作，更不願意聽取別人的意見。例如，在生活中主要表現為對別人觀點的不認同、不信任的反向思考；對他人意見的不採納、不接受；對一些事情無端懷疑，甚至採取根本否定的態度……

此外，大多有逆反心理的人並不是固執地就想和別人唱反調，而是多數時候他們為了維護自尊，而對對方的要求採取相反的態度和言行的一種心理狀態。例如，青少年中經常有那麼一撮就是「不受教」「不聽話」，常與父母、老師「對著幹」。實際上，他們之所以出現這種與常理背道而馳的行為，多數時候是覺得老師或者父母沒有足夠地尊重他們，例如逼迫他們學習，強迫他們做自己不喜歡、不感興趣的事情……

而對付這類叛逆心強的人最好的辦法，無疑是「將計就計」，即可以正話反說，又可以反話正說。

某心理學家為了有效地推銷他的書籍，他在書的前言中，特意提醒讀者請勿先閱讀第八章第五節的故事。大多數讀者卻採取了與告誡相反的態度，首先翻看了第八章第五節的內容。

事實上，他這就是很好地運用了別人的逆反心理。而生活中，要想很好地運用這種心理戰術，你就要先瞭解逆反心理產生的原因，然後才能有針對性地實施。

（1）逆反心往往和好奇心連接著

在生活中，有時，我們自己越是得不到的東西，就會越想得到；越是不能接觸的東西，就會越想接觸；越是不讓知道的事情，我們就會越想知道。之所以發生這樣的現象，事實就是好奇心在作怪。而好奇心越重的人，在這一點上表現得越明顯。

所以，不妨多利用那些好奇心強的人的心理。例如，當你想讓一個好奇心強的人明白你的意思，那麼你不妨在講述觀點的時候，故意遮遮掩掩，吊他的胃口，以更好地刺激其逆反心理。這樣對方在好奇心以及逆反心理的影響下，自己就會不停地琢磨你的意思，而這事實上正是你想要達到的效果。

（2）對立情緒是逆反心的鏡子

生活中，我們也會發現這樣類型的人，就是什麼事情都喜歡和別人對著幹。例如，有的時候，周圍人說：「這本書真好。」他多半會說：「好什麼呀！」周圍人說：「這個主意不錯。」他多半會說：「我看不怎麼樣！」

實際上，這類人就是典型的對立情緒者，也就是說他的心裡有一種逆反的習慣，別人說什麼自己都不認可、不喜歡，有時甚至反著來。

對於這類人，如果你「苦口婆心」「千言萬語」，他可能會無動於衷，不聽從你的意見、觀點，不按照你的思維做事情，甚至認為你是虛情假意、吹毛求疵。但如果你直接反著來，逆向思維去傳達、去說服，結果可能就會事半功倍了。

首因效應：人群中的第一眼

第一印象，是在短時間內以片面的資料為依據形成的印象，心理學研究發現，兩個素不相識的人初次會面，四十五秒內就能產生第一印象。

對於第一印象的現象，心理學上將其列為首因效應的內容，簡單概括為，在短時間內以片面的資料為依據形成的印象。主要講的是，當人們第一次與某物或某人相接觸時會留下深刻印象。也就是說，個體在社會認知過程中，往往會通過

「第一印象」最先輸入的訊息，對客體以後的認知產生影響作用。這種在短時間內見到對方，因第一印象產生的感覺，被心理學家命名為首因效應。

首因效應有個顯著的特點，就是容易讓人印象深刻，而且作用的時間較長。這也便是為什麼那些聰明的人，經常利用其為自己服務的主要原因。例如，為官者總是很注意燒好上任之初的「三把火」，再比如人們經常很看重給對方一個「下馬威」。

首因效應就是說人們根據最初獲得的訊息所形成的印象不易改變，甚至會左右對後來獲得的新訊息的解釋。實驗證明，第一印象是難以改變的。因此在日常交往過程中，尤其是與別人的初次交往時，一定要注意給別人留下好的印象。

美國俄亥俄州立大學的研究人員小羅伯特‧勞恩特曾說過，如果你給人留下一個壞印象，那是很難糾正過來的，有時候甚至一輩子都改變不了，簡直比中途背叛還不如——因為很多人根本不會給你修正錯誤的機會。

所以，不要小看第一次見面時的短短幾分鐘，因為第一印象如果好，那麼就會有親近、友好之感，利於日後的交往；第一印象不好，則會有討厭、不屑與其交往之感。

那麼，如何利用好「首因效應」，抓住見面時的幾分鐘呢？

（1）需要準備充分，從細節處入手

在與人相見時，努力創造出一種熱情、歡迎的氛圍，這能給人留下親近的印象，利於拉近彼此間的距離。

（2）得體的儀表能為第一印象加分

大多數人都是「外貌」協會，對此，美國優秀的銷售大師法蘭克‧貝格就曾說過，外表的魅力可以讓你處處受歡迎。在銷售界更是流行過這樣一句話，成為一流銷售員的基本條件，便是從儀表修飾做起。

（3）主動打招呼，利於讓人感覺到你的熱情

第一次見面的時候，你們通常會顯得有些陌生。事實上，如果你想讓對方記住你，就要學會主動打招呼。當你先主動開口打招呼的時候，就等於你是以謙恭、熱情的態度去對待對方。而對方呢，多半會出於禮貌回敬你一下。這樣無疑會給彼此留下印象，進而在日後進一步交往。

（4）精彩的介紹也能讓人印象深刻

初次見面的兩個人，自我介紹的風趣、幽默，會讓對方印象深刻。這樣，你便抓住了以後能夠繼續交往的時機。

討厭完美：適當暴露缺點的你很可愛

俗話說：「金無足赤，人無完人。」人都難免出醜犯錯。當某些人的表現完美無缺時，一般人就會感到他不夠真實，難以親近。因為一般人和完美的人在一起，普通人往往認為己不如人，因此感到惴惴不安。

這樣失衡的人際關係是難以保持長久的，因為它很可能導致一方生活在自卑和壓抑之中。由此，被認為傑出或優秀的人偶爾出醜，不但不會影響他的人際吸引力，反而會讓他更具人格魅力！

討厭完美定律，主要強調的是，一般與完美的人交往時，總難免產生自己不如對方而自卑的心理。生活中，有一些看起來各方面都比較完美的人，往往不太討人喜歡。而討人喜歡的，卻往往是那些雖然有優點，但也有一些明顯缺點的人。

美國浩博投資有限公司首席執行官的王天賜，曾對《財經時報》說：「適可而止地暴露自己公司的缺點，是吸引風險投資商過程中很重要的一環。」他解釋道：「雖然和盤托出你所有的訊息也存在著風險，因為這可能使投資者不再考慮去投資你的專案，但如果你隱瞞事實而獲得投資之後，對你喪失信任的風險投資家會讓你面臨更大的風險和損失。」

一般人與各方面都表現得太過完美的人交往，會覺得有壓力，增加其內心的慌亂和自卑感。進一步證明，人們要學會適當地向他人暴露缺點，因為這會讓對方覺得，完美、精明的人也和自己一樣有缺點，進而減輕自卑感，增強內心的安全感，也更願意與你交往。

心理學家阿倫森就曾說過：「一個能力非凡而又完美無缺的人的吸引力，遠不如一個能力非凡但身上卻有著常人缺點的人強，因為太完美反而缺失人情味，倒不如有個性棱角、有小毛病的人更貼近人性。」

所以說，做人做事在追求完美的同時，不妨帶上一點小缺點，這也許正是你擁有「好人緣」「討人喜歡」的法寶。但要做到這一點，也需要掌握相應的方法，以及相關的注意事項。

（1）暴露一些缺點的你更完美

雖然人們都很嚮往完美的東西，也都渴望自己是完美的人，但是現實生活中，極少存在完美的人，大多數情況下都是帶有些缺點的。例如，在一場面試中，如果應聘者誇張地敘述自己在各方面都很優秀等話語，即使他說的都是真的，面試官可能也會覺得他不夠真誠，甚至覺得他不夠坦誠。但倘若他在說自己優點的時候，能適當地加上點缺點，比如我的性格開朗，但做事情有些毛躁；我各方面都還可以，就是不愛講話等。事實上，這樣可能更容易贏得人心，也更容易讓對方從心理上接受你。

（2）暴露的缺點不能大於優點

雖然在這裡一直提倡人們與人相處的時候要學會暴露自己的缺點，這樣更平易近人，更符合人之常情，但在運用此方法的時候，也要掌握好度。具體而言，就是你不能暴露自己太多的缺點。因為，當對方覺得你身上缺點太多的時候，會誤認為你是一個不中用的人。這樣的話，對方更不願意與你交往了。

相反，倘若你在有著很多優點的時候，時不時地表現出一點小缺點，這樣對方就會覺得，你這個人整體不錯，有點小缺點也是值得被原諒、被包容。這樣不僅不會影響你們進一步交往，還會增加對方與你交往的興趣，甚至認為你是一個坦誠、值得信任的人。

手錶定律：尋找適合自己的標準

手錶定律的意思是，只有一個標準時，做起事來往往比較從容，而如果有兩個或者多個標準，則會讓人變得無所適從。

不僅企業不能擁有多個標準，要想更有效地管理他人，也需如此。

當你要求對方做事情的時候，如果標準太多的話，那麼對方在實施的過程中，會有一種迷茫感，進而陷入進退兩難的窘境。而當給你做事情的人陷入進退兩難、不知如何是好的境地時，他的效率一定也會下降。這勢必會影響你的初衷，進而讓你不能更好地實現當初的目的，不能更好地掌控主動權。

而人在讓別人認同自己、支持自己的過程中，之所以不能成功，一個重要的原因就是自己對別人的要求太多、標準太多。要知道，你的標準多了，對方反而找不到一個最準確的了。同樣，你的要求多了，對方反而不知道什麼才是你最想要的了，進而不能讓你滿意。

在現實生活中，這種因為標準太多，導致自己陷入被動局面的事很多。例如，有的父母為了讓孩子的綜合能力得到提高，便會想方設法地幫孩子報各種興趣班，舞蹈、鋼琴、跆拳道、奧數……可最終結果呢？雖然報的學習班很多，但孩子卻並不見得能將所有的都學好，甚至，一些孩子因為學習種類太多，最終一個都沒有精通。事實上，主要原因是他們為孩子規劃的標準太多了，最終影響了對某一方面的專注程度，陷入樣樣通、樣樣鬆的被動狀況中。

你若想掌握主動權，還要注意相關的事項，並掌握一些方法，具體方法如下。

（1）你要找出一個最佳的標準

每個人在要求對方做事情的時候，都會要求對方這樣做或者那樣做，有時甚至為了對方能夠做得精益求精、好上加好，還會附加上幾個條件，以便這更能符合你的要求，讓你感到滿意。可事實卻是，當你的標準多了，對方反而無所適從。

這就告訴人們，在要求對方做事情，以及「掌控」對方的時候，首先要給對方找到一個最佳標準，選擇一個你認為最可執行的標準，然後讓其執行。這樣對方在做的過程中，才能目標明確，也才能更有針對性。要知道，標準不在多，而在於精。

（2）不要用多標準試圖打造「完美」

人或多或少都會有追求「完美」的心理，進而對周圍的人要求過多。可人無完人，每個人在做事情的過程中，都會有值得學習的地方，同樣也會有這樣或者那樣的不足。對於優秀的地方，你理應接受。可對於那些不盡如人意的地方，就要學會適應和接受，同時也可以叮囑對方儘量注意，但絕不是在下次對方做事情的時候，又加上一條他該如何做的標準。

權威效應：請堅持自己的觀點

所謂「權威效應」，就是指說話的人如果地位高、有威信、受人敬重，則他所說的話就容易引起別人重視，並使人相信其正確性。即我們平時所說的「人微言輕、人貴言重」。

一九八二年，佛羅里達航空公司發生了飛機墜毀事件。飛機墜毀後，相關部門對這起墜機事件進行了調查，最終得出墜毀的主要原因是飛機機翼上的冰導致的結論。

可就在飛機起飛前，曾發生這樣一幕：當時副駕駛已經發現了這個問題，並曾向機長提出過應該檢查一下的建議。但由於機長是一個擁有多年航空飛行經驗的人，加之他多年對工作認真負責的態度，早已經在這個領域樹立了相當的權威，所以，當副駕駛聽機長說這沒什麼大的問題後，便再也沒提及這件事情。就這樣，飛機在飛行到波托馬克河時墜毀了。

上例故事中，副駕駛其實已經發現了隱患，可為什麼明明知道有隱患，還是會聽從機長的建議認為這沒問題呢？原因就在於人們有「安全心理」，即人們總認為權威人物往往是正確的楷模，服從他們會使自己具備安全感，增加不會出錯的「保險係數」。其次是由於人們有「讚許心理」，即人們總認為權威人物的要求往往和社會規範相一致，按照權威人物的要求去做，會得到各方面的讚許和獎勵。心理學將由這種心理引發的現象稱作權威效應。

在哥倫布航海獲得成功後，很多人假借航海之名出入王宮，於是獲得國王資助出海的事情變得異常艱難。為了贏取國王的支持，麥哲倫邀請了當時有名的地理學專家路易・帕雷伊洛與其一同前往，面見國王。

結果，正是路易・帕雷伊洛將地球儀擺在國王面前合情合理的敘述，以及他對麥哲倫航海必要性的介紹，說服了西班牙國王。

麥哲倫之所以成功地得到國王的支持，實現航海的意願，借助的正是權威效應的影響力。他利用了路易・帕雷伊洛這個地理學專家的權威號召力，征服了國王，進而贏得了資助。

除此之外，生活中我們也經常會看到一些人，在利用權威效應為自己服務。例如，商家為了獲得顧客，在為一個產品做廣告的時候，總會請一些知名及權威人物去做代言；在辯論會上，那些辯手們為了證明某種觀點，總是會引用各種權威人物的話作為論據等。

那麼，該怎樣增強自身的權威性呢？現將具體方法總結如下。

（1）用原則增強自身的權威感

心理學上認為，當一個人身上帶著這些能夠增強個人威信的東西時，便能夠釋放出一種權威的信號，而原則無疑是增強這種權威信號的有力工具，這裡的原則包括很多因素。比如，自身的責任感，一貫的誠實守信的為人，為人處世的君子風度，非凡的氣度、心胸。

當你被周圍的人冠以這種標誌時，那麼你便會在不知不覺中樹立起自身的權威感。這樣當你「駕馭」他人的時候，對方就會不知不覺地被你身上的這種權威感所折服。

（2）生動的表達也是增強權威性的重要元素

有時我們會發現，當某個人在說話的時候，總是小聲或者不敢抬頭看周圍人，人們就會懷疑他所說的事情，常用「說話沒底氣」來形容。而當有的人，說話總是大聲、生動且語調、語速、表情、神態都表達出一種激情四射的堅定時，我們心裡就算不能立刻支持他，也會產生幾分敬畏。人們常用他說得頭頭是道來形容這樣的場景。

而事實上，正是由於表述增強權威性的不同，產生了完全不同的感受。所以，聰明的人即使在表達上也會特別生動，因為他們深知這能增強自身的權威性，而信任和追隨權威又是人們普遍的共性。

測試　你有決策能力嗎？

現在的人要想做出一流的業績，取得非凡的成就，無疑需要具備多方面卓越的能力。但相比其他各項能力來說，決策力則是重中之重。那麼，你是否具有決策力呢？做完下列測試你就會知道。

（1）你的分析能力如何？

Ⓐ我喜歡通盤考慮，不喜歡在細節上考慮太多。

Ⓑ我喜歡先做好計畫，然後根據計畫行事。

Ⓒ認真考慮每件事，盡可能地延遲做決定。

（2）你能迅速地做出決定嗎？

Ⓐ我能而且不後悔。

Ⓑ我需要時間，不過最後一定能做出決定。

Ⓒ我需要慢慢來，如果不這樣的話，我通常會把事情搞得一團糟。

（3）進行一項艱難的決策時，你有多高的熱情？

Ⓐ我做好了一切準備，無論結果怎樣，我都可以接受。

Ⓑ如果是必需的，我會做，但我並不欣賞這一過程。

Ⓒ一般來說，我都會避免這種情況發生，我認為最終都會有結果的。

（4）你有多戀舊？

Ⓐ買了新衣服，就會捐出舊衣服。

Ⓑ舊衣服有感情價值，我會保留一部分。

Ⓒ我還有高中時代的衣服，我會保留它。

（5）如果出現問題，你會：

Ⓐ立即道歉，並承擔責任。

Ⓑ找藉口，為自己解脫。

Ⓒ責怪別人，說主意不是我出的。

（6）如果你的決定遭到了大家的反對，你的感覺如何？

Ⓐ我知道如何捍衛自己的觀點，而且通常我依然可以和他們做朋友。

Ⓑ首先我會試圖維持大家之間的和平狀態，並希望他們能理解。

Ⓒ這種情況下，我通常會聽別人的。

（7）在別人眼裡你是一個樂觀的人嗎？

Ⓐ朋友叫我「啦啦隊長」，他們很依賴我。

Ⓑ我努力做到樂觀，不過有時候，我還是很悲觀。

Ⓒ我的角色通常是「惡魔鼓吹者」，我很現實。

（8）你喜歡冒險嗎？

Ⓐ喜歡，這是生活中比較有意義的事。

Ⓑ我喜歡偶爾冒冒險，不過我需要好好考慮一下。

Ⓒ不能確定，如果沒有必要，我為什麼要冒險呢？

（9）你有多獨立？

Ⓐ我不在乎一個人住，我喜歡自己做決定。

Ⓑ我更喜歡和別人一起住，我樂於做出讓步。

Ⓒ我身邊的人做大部分的決定，我不喜歡做決定。

（10）讓自己符合別人的期望，對你來講有多重要？

Ⓐ不是很重要，我首先要對自己負責。

Ⓑ通常我會努力滿足他們，不過我也有自己的底線。

Ⓒ非常重要，我不能冒險失去與他們的合作。

評分標準

選Ⓐ計10分，選Ⓑ計5分，選Ⓒ計1分，最後計總分。

測試分析

24分以下：差。

你現在的決策方式將導致「分析性癱瘓」。這種方式對你的職場開拓是一種障礙。你需要改進的地方可能有下列幾個方面：太喜歡取悅別人，分析力過強，依賴別人，因為恐懼而退卻，因為障礙而放棄，害怕失敗，害怕冒險，無力對後果負責。測試中，選項A代表了一個有效的決策者所需要的技巧和行為。做一個表，列出改進你決策方式的辦法。考慮閱讀一些有關決策方式的書籍，諮詢專業顧問。

25～49分：中下。

你的決策方式可能比較緩慢，而且會影響到你的職場開拓。你需要改進的地方可能是下列一個或幾個方面：太在意別人的看法和想法，把注意力集中於別人的觀點之上，做決策畏畏縮縮，不敢對後果負責。這樣的話，就需要你調整自己的心態，並做一個表列出改進你決策方式的辦法。

50～74分：一般。

你有潛力成為一個好的決策者。不過你存在一些需要克服的弱點：你可能太喜歡取悅別人，或者你的分析力太強，也可能你過於依賴別人，有時還會因為恐懼而止步不前。要確定自己到底哪些方面需要改進，你可以重新看題，把你的答案和選項A進行對照。做一個表，列出改進你決策方式的辦法。

75～99分：不錯。

你是個十分有效率的決策者。雖然有時你可能會遇到思想上的障礙，減緩你前進的步伐，但是你有足夠的精神力量使自己繼續前進，並為自己的生活帶來變化。

不過，在前進的道路上要隨時警惕障礙的出現，充分發揮你的力量，這種力量會決定一切。

100分：很棒。

完美的分數！你的決策方式對於你的職場開拓是一筆巨大的財富。

第八章　借點好風：逆襲你的真實人生

借來身邊的「人力資源」

憑自己的能力賺錢固然是真本事，但是，能巧妙借他人的力量賺錢，卻是一門高超的藝術。

在日本東部有一個風光旖旎的小島——鹿兒島，因氣候溫和、鳥語花香，每年吸引大批來自各地的觀光客。

有一位名叫阿德森的人在日本經商已有多年，第一次登上鹿兒島之後，便喜歡上了這裡，決定放棄過去的生意，在此建一個豪華氣派的鹿兒島度假村。

一年後，度假村落成。但由於度假村地處一片沒有樹木的山坡，一些投宿的觀光客總覺得有些許掃興，建議阿德森儘快在山坡上種一些樹，改善度假村的環境。阿德森覺得這個建議好是好，但工錢昂貴，又雇不到人，因此遲遲無法實現。

不過，阿德森畢竟是個聰明人，天生就是做生意的料。他腦子一轉，立即想出了一個妙招——借力。他迅速在自家度假村門口及各主要路口的巨型看板上打出一則這樣的廣告：

「各位親愛的遊客，您想在鹿兒島留下永久的紀念嗎？如果想，那麼請來鹿兒島度假村的山坡上栽上一棵『旅行紀念樹』或『新婚紀念樹』吧！」

那些常年生活在大都市的城裡人，在尾氣和噪音中生活久了，十分渴望到大自然中去呼吸一下新鮮空氣，放鬆身心，如果還能親手栽上一棵樹，留下「到此一游」的永恆紀念，對他們來說，是一件非常有意思的事情。於是，各地遊客都紛紛慕名而來。

一時間，鹿兒島度假村變得遊客盈門，熱鬧非凡。當然，阿德森並沒有忘記替栽樹的遊客準備一些花草、樹苗、鏟子和澆灌的工具，以及一些為栽樹者留名的木牌，並規定：「遊客栽一棵樹，鹿兒島度假村收取三百日圓的樹苗費，並給每棵樹配一塊木牌，由遊客親自在上面刻上自己的名字，以示紀念。」到此遊玩的人誰不想留個紀念呢？

一年之後，鹿兒島度假村除食宿費收入外還收取了「綠色栽樹費」共一千多萬日圓，扣除樹苗成本費四百多萬日圓，還賺了近六百萬日圓。幾年以後，隨著幼樹成材，原先光禿禿的山坡變成了小森林。

讓你出錢又出力，還讓你高興而來，滿意而歸，這似乎是不可能的事情。但是，阿德森做到了，他並不是憑空想像出來的，而是他利用都市人渴望與大自然親密接觸的美好願望推出的「奇招」。即讓自己受益，又能讓對方受益，這就是所謂的「借力」。

「借力」的要點就是互借互利，不讓別人受益，別人肯定是不會為你所用的，比如，前述故事中，如果栽樹不能滿足都市人的這一心理需求，他們是肯定不會自己掏錢去替阿德森免費栽樹的。

拿破崙曾經說過一句這樣的話：「懶而聰明的人可以做統帥。」所謂「懶」，指的就是不逞能、不爭功，能讓別人幹的自己就不去攬著幹。儘量借助別人的力量，這在某種意義上來說，是在告誡現實生活中那些渴望成功的人：要善於「借力」。別人會幹，等於自己會幹。

那麼，人們具體該如何來用好這一招呢？

（1）借上司的「力」

首先，要充分理解上司的真實意圖。當你被委以重任時，上級對你說：「好好幹啊！」於是你就回答說：「我一定好好幹。」似乎如此回答是理所當然的。可是從一開始，你就犯了一個錯誤，因為你不清楚被拜託的是什麼？要好好幹的是什麼？為什麼要幹？幹到什麼時候？幹到什麼程度？等等……所以，應該明白上司的真實意圖，站在上司的角度考慮問題，在實踐的過程中還要經常徵求上司的意見和建議。

其次，要明白上司的難處，關鍵時候還要主動站出來做出一些自我犧牲或放棄自己的個人利益，上司自然會認為你夠朋友、講感情、有覺悟，你在他心目中的形象就會更好。

最後，不要喧賓奪主。有些人，有了些權力之後，就自以為大權在握，就不把別人，甚至上司放在眼裡，那麼離炒魷魚就不遠了。

（2）借同級的「力」

俗話說：「孤掌難鳴。」如果在工作時得不到同事的支持，很多時候是很難有所作為的。當然，作為同事，有時候免不了有利益衝突，比如，政治榮譽的歸屬和經濟收益的分配等……這時候，就應該學會謙虛，主動禮讓，不要爭功，更不要攬利。應主動徵求同事對自己工作和作風上的意見和建議，彼此真誠相待。

（3）敢於「借貸款」

小商品經營大王格林尼說過：「真正的商人敢於拿妻子的結婚項鍊去抵押。」小心謹慎地做自己的生意，固然是必要的，但要在商圈上成大氣候，還得要大膽地向前邁步走，事實上，不少白手起家的富翁沒有不借債的。

法國著名作家小仲馬在他的劇本《金錢問題》中說過這樣一句話：「商業，這是十分簡單的事。它就是借用別人的資金！」也證明了財富是建立在借貸上的。但還是需要創造財富者有充分利用借貸，擅長利用借貸款的能力。

（4）借別人的腦袋、技術來為自己所用

借別人的腦袋、技術來為自己所用，善於將別人的長處最大限度地變為己用，這是最聰明的辦法，最省錢、省事、最快的成功捷徑。

（5）借助輿論，壯大你的優勢

從明星的緋聞到政客的傳奇，諸多事件都驗證了輿論的強大威力。在社會上，輿論像洶湧的波濤，可以把你淹沒海底，也可以把你推上天空。

真正有心計的人，幾乎都是善於利用輿論來為自己服務，牢牢地鎖定目標，製造出「非我莫屬」的聲勢。你要善於人為地為自己製造一些焦點和聲勢。即使有雄心也不要急於行動，而是利用方方面面的力量，為達到自己的真正意圖搖旗吶喊，最終達到自己的目的。

（6）找一棵可以遮風避雨的「大樹」

人生路上充滿了很多的艱辛坎坷，光靠一個人的努力有時難以面對，顯得勢單力薄。因此，找到一棵可以遮風避雨的「大樹」，進可以攻，退可以守，有了堅實的後盾做靠山取得成功也就易如反掌。

首先，什麼樣的人適合作為靠山？這可是最重要的問題，以下幾個方面可供參考。

A 有家世背景的人

顯赫的家世自然讓你受益匪淺，但是你同時要明白家世背景不一定保證他一輩子風光，如果他品行不正、能力不行，那麼，跟這種人相處也不長遠。

B 功成名就之人

找這種人當「大樹」，除非你有特別的表現，或者你的某些長處正好被人看中，否則你再怎麼「跟」，他還是看不見你！

C 有能力有潛力之人

這種人可能是跟隨的最好人選，他們是一種「潛力股」，一時看不出效益，如果長期做下去必有收穫。但有能力有潛力的人也不一定最終飛黃騰達，人的機遇是很難說的，所以你要無怨無悔地「跟」！

其次，要應對「大樹」對你的考驗。你必須在和他往來之間，讓他瞭解你的能力、上進心、人格、家世和忠誠。也就是說，要他能夠信賴你，這就需要一個過程，而這一過程可能需要半年、一年，也有可能更漫長，而你不僅要好好表現，還要在難熬的歲月中等待機會，應對「大樹」對你的考驗。

最後，要提醒你的是，當你找到自己的「靠山」與「乘涼之樹」後，不能完全倚仗他人來生活，你還得更加努力，只是利用一下他人給你提供的條件罷了。

把「蝦米」聯合起來，能幫你吃掉「大魚」

「大魚吃小魚，小魚吃蝦米」，這是現實中殘酷的競爭法則。不過，你若是想在社會上站穩腳跟，擊敗對手，有時候僅靠自己的力量是不行的。

在這種情況下，你不妨聯合周圍可以聯合的「蝦米」，然後一起去吃掉你想吃掉的「大魚」，這樣做效率往往會更高。

千萬不要小覷小力量的集合。

一九七三年石油危機之前，總公司設於東京新宿區的食品超級市場三德的董事長——堀內寬二大聲呼籲：「中小型超級市場跟大規模的超級市場對抗，要生存下去的唯一途徑就是團結。」

可是，當時回應的只有十家，總營業額也不過只有數十億日圓而已。但是，現在的日本聯合超級市場的加盟企業，從北海道到沖繩縣共有兩百五十五家，店鋪數達到三千家，總銷售額高達四千七百一十六億日圓，遙遙領先大隈、伊藤賀譯堂、西友、傑士果等大規模的超級市場。而且，日本聯合超級市場的業績，竟然是號稱「巨無霸」的大隈超市的兩倍。

尤其近幾年來，日本聯合超級市場的發展更為迅速。一九八二年二月底，聯合超級市場集團的聯盟企業有一百四十五家，加盟店的總數有一六七六家，總銷售額兩千七百五十億日圓。但是，從第二年起，加盟的企業總數就增加為一百七十八家，繼而一百八十七家、兩百家、兩百五十三家地持續膨脹，同時加盟店的總數也由一九四四家增加為三千家……

原來是一個微不足道的超級市場經營者——堀內寬二，憑藉著中小型超級市場不團結就無法生存的信念，草創成立的聯合超級市場，發展到今天，他本人也不會料想到的龐大陣容。目前，日本全國都可以看到聯合超級市場的綠色廣告招牌。

中國有句俗語：「眾人拾柴火焰高。」意思是說，通過聯合的力量，以實現個人力量所不能實現的目標。

我們都很清楚，借人之力是獲取成功的捷徑之一，但是在這條捷徑上，人們往往習慣於將目光聚焦到那些有權勢、有財富的名人和富豪身上，認為只有這些人才是自己人生路上的貴人，才能給自己的成功添磚加瓦。

可是，大人物是高高在上的，有時候，別說去求他們，就連接觸到他們都很困難。遇到這樣的情況你該怎麼辦？坐以待斃，還是就靠自己的蠻幹？不用發愁，你不妨將目光投到某些小人物身上。

要知道「大小」並不是絕對的，二者可以轉換的。對待「小人物」，你沒有必要一味地趾高氣揚，應該懂得變通，沒有大人物可以選擇的時候，能向小人物借力也是不錯的選擇。在歷史上，「雞鳴狗盜之輩」曾經幫孟嘗君逃脫大難，不就是很好的證明嗎？

小人物就像小螺絲釘，運用得當，就能推動大機器的運轉。不要小看「小人物」，有的時候，「小人物」卻有「大用處」。

因此，在人際交往中，要靈活變通，千萬不要只結交那些所謂的達官貴人，而要懂得和小人物建立關係，而且，更不可得罪「小人物」，尤其是那些大人物身邊的「小人物」，雖小卻能親近大人物，只要能巧妙地借助他們的力量，同樣可以助你辦成大事。

萬事俱備，巧借「東風」

「萬事俱備，只欠東風」出自火燒赤壁這個典故。

三國時期，周瑜對諸葛亮說：「你三天之內，給我打造十萬支箭來。」這是根本不可能完成的任務，諸葛亮卻答應了下來。

在一個大霧濛濛的早上，諸葛亮派出幾千艘木船，船上紮滿了稻草，佯裝攻打曹營的樣子。曹操一看以為是蜀軍的埋伏，命令所有的弓箭手萬箭齊發，結果箭一支支射到了船的稻草上。

不到一個時辰，諸葛亮就收到曹操送來的十多萬支箭。

這就是歷史上著名的「草船借箭」的故事。

在現實生活中也是這樣，在做一件事情時，大部分都準備好了，但就是差那麼一股「東風」。在這種情況下，只有學會「借」，事情才會出現轉機，問題才能解決。

英國大英圖書館是世界上著名的圖書館，裡面的藏書非常豐富。有一次，圖書館要搬家，也就是說從舊館要搬到新館去，結果一算，搬運費要幾百萬，根本就沒有這麼多錢。怎麼辦？有人給館長出了個主意。

圖書館在報上登了一個廣告：從即日開始，每個市民可以免費從大英圖書館借十本書。結果，許多市民蜂擁而至，沒幾天，就把圖書館的書借走了。

書借出去了，怎麼還呢？

這時候，圖書館再一次發佈消息：借閱者還書請到新館。就這樣，圖書館借用借閱市民的力量搬了一次家。

給予，有時也是一種借力。

借力不僅是一種能力，也是一種勇氣，更是一種智慧。

懂得借力發力的人，能夠以小博大、以弱勝強、以柔克剛，能夠四兩撥千斤。就足以顯示反擊正是所謂的「借力使力」，就是利用契機，再加上自己的力量，發揮「相乘效果」，一舉獲得成功。

阿基米德說：「給我一個支點，我可以撬動地球。」而「借」的關鍵就是能夠找到這個支點所在。

這個「支點」就是「借」的契合點，它是你需要的，卻又是對方所獨具的。所以「借」絕對不是簡單的依賴和等待，而是一場有準備的「戰鬥」，是用巧妙的智慧換取財富。從這一點來說，你首先要對自己有充分的瞭解，你的強項是什麼，怎樣的「外援」會對你有幫助？接下來在對市場充分瞭解的基礎上，你就可以鎖定自己的靠山，然後通過有效的「嫁接」，真正達到「借」的目的。所以「借」是主動的，它是你根據實際需要做出的選擇。

有這樣幾條思路或許可以成為「借」的借力目標。

（1）借「智力」

或者說是「思路」「經驗」等，比如，有些投資大師有不少好的經驗，這都是他們經過多年的成功與失敗得出的制勝法寶，它們顯然可以讓你的投資少走許多彎路。

（2）借「人力」

這就是所謂的人氣，一個品牌、一處經營場所，甚至是一位名人，其周邊可能聚集了不少類別分明的人群，如果能把你自己生意的目標消費群與之結合起來，其結果可能就是投入不大利潤大。

（3）借「潛力」

良好的社會經濟發展前景誘惑無疑是巨大的，它也會給你的投資帶來有效的增值空間，像城市的建設規劃以及中小城市的發展計畫等，都是值得人們關注的焦點。

但在這裡需要說明的是，「借」與盲目跟風有著本質的區別。「借」通過瞭解、準備、研究、比較和選擇等多個步驟才能獲得成功，而如果隨意地跟風模仿，反而會給你帶來不小的風險。有些投資者不考慮周圍環境和自身的不同實際，不看實際效果是否有效，不看時機是否成熟，不看條件是否具備，生搬硬套，盲目地跟著別人走，這顯然是與「借」的本意相違背的。

對此，你可以把握住這樣幾點。

（1）自身是不是適合是關鍵，並不是所有的產品都能產生這樣的效果。比如，如果不能將對奧運的熱情轉移給產品，那麼帶來的結果就是讓奧運行銷成為「空中樓閣」。

（2）一個好的「借」的對象也要區別對待，比如，同樣是城市建設規劃，不同區域產生的效果都是不一樣的，這就需要投資者運用各種訊息進行研究、分析、比較，最終「借」上真正有潛力的規劃。

（3）即使找到了正確的方向，「借」的過程也要講究技術，比如你「借」上了大店鋪的客源，就可以考慮將經營時間與大店鋪錯開，以避其鋒芒、撿其遺漏。

（4）「借」同樣也可能會遭遇到不可預見的風險，其中最為典型的就是連鎖加盟，有些專案由於本身含金量不高，甚至帶有欺騙性質，讓許多投資者遭遇了滑鐵盧，對此你必須多加留意。

朋友，千萬不要在用得著時方恨少

每個人的一生都會交許多朋友，他們有的會成為你的至交，有的會持續交往，有的也會中斷。交朋友固然不必勉強自己和對方，但也不妨採取更有彈性的做法，不投緣的也不必「拒絕往來」，可以把他們通通納入你的「朋友檔案」。

美國前總統柯林頓回答北大學生如何保持其人際關係網時說：「每天晚上睡覺前，我會在一張卡片上列出我當天聯繫的每一個人，注明重要細節、時間、會晤地點以及與此相關的一些訊息，然後輸入秘書為我建立的關係網資料庫中。這些年來，朋友們幫了我不少。」

柯林頓提出，建立「朋友檔案」有下面幾個部分需要注意：

（1）把你同學的資料整理並做成記錄

畢業經過數年後，你的同學可能會分散在全國各地，從事各種不同的行業，有的甚至已成為某一行業或某一領域的「重量級」人物。當有需要時，憑著老同學的關係，相信會在某種程度上給你幫忙。這種老同學關係可從大學向下延伸到高中、小學，如能加以掌握，這將是人生中一筆相當大的資源。當然，建立好同學關係需要經常參加同學會、校友會並且注意他們的動態。

（2）整理周圍朋友的資料並對他們的專長做出詳細的記錄

比如，他們的住所、工作有變動時要修正，以防必要時找不到人。準確掌握這些變動的情形有賴於平時與他們聯繫。

同學及朋友的資料是最不應疏忽的，你還可以記下他們的生日，不嫌麻煩的話，在他們生日時寫一張賀卡或請他們吃個便飯，保證會使你們的關係突飛猛進。若能維持好這些關係，就算他們一時幫不上忙，也會介紹他們的朋友助你一臂之力。

（3）在應酬場合認識的，只交換名片，還談不上交情的「朋友」也是不可忽視的

這種「朋友」在各行各業的各種階層都會有，不應該把他們的名片丟掉，而應該在名片中儘量記下這個人的特點，以備下次再見面時能「一眼認出」。重要

的是，名片帶回家後要依姓氏或專長、行業分類保存下來。當然不必刻意去結交他們，但可以藉故在電話裡向他們請教一兩個專業問題，話裡自然要提一下你們碰面的場合，或你們共同的朋友，以喚起他對你的印象。有過「請教」，他對你的印象自然會深刻些。當然，這種「朋友」不可能幫你什麼大忙，因為你們沒有進一步的交情，但是他們幫你一些小忙應該是沒有什麼大問題的。

（4）僅僅建立朋友檔案是不夠的，要學會維護

建立朋友檔案時，利用電腦、筆記本以及名片冊的方法各有長處，但不管用什麼方法，都應該記住，每個朋友都要保持一定的關係，千萬不要「用得著時方恨少」。那些辦事處處通的人，除了有他們本身的優越條件之外，還有一點就是他們身邊有一群非常要好的朋友。這些朋友為他出謀劃策，對他提出更高的要求而不讓他有絲毫的鬆懈和放棄。這樣的人大都是善用「朋友檔案」的人。

很多時候，僅僅建立「朋友檔案」是遠遠不夠的，最重要的是利用「朋友檔案」來幫助自己。

比如，把別人的生日、興趣愛好等內容收集起來，你就會加深對他的瞭解，

與他談業務或是進行生意交往時可以找出他關心的話題，談他最鍾愛的事物。這樣做不僅會受到他們的歡迎，更會使你的業務得以擴展。

杜維諾麵包公司的老闆杜維諾，一直試著把麵包賣給紐約的某家飯店，一連四年，他每天都要打電話給這家飯店的老闆，並去參加那個老闆的社交聚會，為了爭取到這個客戶，與飯店老闆成交這筆麵包生意，他還在該飯店訂了個房間，以便有機會與老闆商談。但是長時間的努力並沒有任何結果。

杜維諾決定改變策略，他收集了這家飯店老闆的個人資料，終於找到他最感興趣、最熱衷的東西。原來這家老闆是「美國旅館招待者」旅館人士組織的一員，由於他的熱情，他還被選舉為主席以及「國際招待者」的主席。不論會議在什麼地方舉行，他都會出席，即使跋涉千山萬水也不例外。給他建立一個小檔案後，杜維諾再見到那個飯店老闆的時候，開始談論他的組織。那個老闆跟他說了半個小時，都是有關他的組織的，語調充滿了熱情，並且一直微笑著。

在杜維諾離開他的辦公室前，他還把他組織的一張會員證給了杜維諾。在交談過程中，杜維諾一點都沒有提到賣麵包的事，但過了幾天，那家飯店的廚師長打電話要他把麵包樣品和價目表送過去。

杜維諾無不感慨地說：「我纏了那個老闆四年，就是想和他做大生意。如果我不建立他的個人小檔案，不用心找出他的興趣所在，瞭解他喜歡的是什麼，那麼我至今也不能如願。」

建立和善用「朋友檔案」是一種深刻瞭解人並與之保持有效聯繫的方式。掌握了這種方法並加以利用，就等於為自己的成功做了鋪墊。

良好、穩固及有力的關係核心，應由十個左右靠得住的人組成。

這十個人可以包括你的朋友、家庭成員以及那些在你職業生涯中聯繫緊密的人，他們構成你的影響力內部圈，希望你能發揮所長，而且你們彼此都希望對方成功、幸福。當雙方建立了穩固關係時，彼此會激發出強大的能量，還會激發對方的創造力，使彼此的靈感達到至美境界。

為什麼將你的影響力內部圈人數限定為十個人呢？

因為強有力的關係需要你一個月至少維護一次，因此十個人或許要用盡你所有的時間。另外應至少挑選十五個人作為你「十人內部圈」的後備力量，並經常與他們保持聯繫。

同船出海，慎重選擇合作夥伴

能夠跟和自己擁有相同原則的人一起生活是幸福的，一個人一生中，真正的志同道合者寥寥無幾。而正是這寥寥無幾的人，適合和自己同船出海。

周圍的人會對你產生巨大的影響，但問題是，不是所有的人帶給你的影響都是有幫助的、和你有著共同方向的。

人說，知己難尋。人說，前世千百次的回眸，才換來今生的擦肩而過。意思是說，在這個世界上，能夠和你並肩戰鬥的人都是少數，而選對這些能夠和你一起戰鬥的人就顯得至關重要，它是你能否成功的一個關鍵因素。

曾國藩當年和太平軍打仗，清朝的滿族士兵都喪失了戰鬥力，被外國人和太平軍打敗了，朝廷讓曾國藩自己招兵買馬，組建軍隊。曾國藩也不含糊，很快就組建了一支軍隊。

這支軍隊就是湘軍，湘軍很出名，戰鬥力也很強，在剿滅太平天國的戰鬥中，立下了大多數的戰功。湘軍戰鬥力強，作戰兇狠不怕死，甚至比太平軍還要狠。

湘軍之所以戰鬥力很強，是因為曾國藩心裡清楚，一支軍隊戰鬥力的高低和士兵的素質直接相關。所以，參軍的人一定要有能力。可不是所有人都有能力，而且還有其他因素，比如決心、能否吃苦、怕不怕死等。

曾國藩思慮了很長時間，清朝那麼大的地盤，能夠滿足他的要求的，只有一個地方的人，這就是他的老家湖南的人。他依靠師徒、親戚、好友等複雜的人際關係，建立了一支地方團練，這就是後來的湘軍。

曾國藩清楚，不是所有人都會和自己一條心，最可靠的人，就是身邊有著倫理道德關係的人。

除此之外，他招收士兵很有自己的見解。他的湘軍士兵，幾乎無一不是黑腳桿的農民。這些樸實的農民，既能吃苦耐勞，又很忠勇，一上戰場，則父死子代，兄代弟繼，義無反顧。

這是因為曾國藩明白，能夠和自己共同戰鬥的人，只是少數，而這少數，就是農民以及自己的同鄉，大家的性命、前途綁在一起，共同做事情才更安全可靠。

在海上，風急浪高，一不小心就要搭上性命，所以出海之前，船長總會慎重地選擇船員，這樣才能將風險降到最小。

人們的生活也是一樣，雖然沒有浪花，卻有諸多看不到的暗礁，在這種情況下，選擇同伴就顯得非常重要了。

（1）你是否瞭解自己

在尋找他人之前，你首先要瞭解你自己：你的個性如何，你的喜好是什麼，你的底線又是什麼。你擅長什麼，能力如何，是否有協調性，你的優勢是什麼，劣勢是什麼……如果你不能對自己做出一個全面準確的判斷，那麼你就很難知道自己究竟需要什麼樣的合作夥伴。

（2）雙方目標是否一致

合作的關鍵，在於雙方的目標是否一致。目標一致，你的競爭對手也能成為你的合作夥伴。這個目標既可以是短期的小目標，也可能是長期的大目標。只要目標一致，預計的結果能夠讓雙方有所收益，你們就有合作的可能。

（3）對方能力如何

準確地估計自己的能力，還要全面地調查合作者的現狀和能力，如果雙方的實力旗鼓相當，往往能產生不錯的合作結果。考察對方能力的時候，既要看到對方過往的成績，也要看到他現在的狀況以及未來的發展潛力。不要單憑對方的一面之詞就草率地決定合作，事前考慮好過事後懊悔。

（4）你能否與對方溝通

即使你們的能力相當，你也要弄清你們是否容易溝通，是否會出現雞同鴨講的情況。如果你們不能準確快速地理解對方的意圖，如果你們對目標的具體理解存在很大差異，那麼，在事情執行過程中，很可能因為溝通不當造成合作破裂，因為溝通不當造成的失敗沒有任何意義。所以，在事前確定雙方是否能夠很好地溝通，至關重要。如果雙方沒有溝通的意願，都喜歡自行其是，無法做到步伐統一，那麼這樣的合作不要也罷。

（5）是否有根本利益衝突

目標一致，不代表合作能夠進行到最後。如果你與你的合作者有根本利益衝突，合作早晚面臨破裂，所以，可以考慮選擇其他合作者。如果必須與其合作，就要小心行事，步步觀察。

（6）對方的人品如何

合作者的人品是你必須慎重考慮的因素，他是否講原則、重承諾、守信用，是保證你們順利合作的前提。此外，最重要的一點是合作者的責任感，他是否能夠與你一起承擔事業的風險，在困難的時候，有責任感的人不會棄你於不顧，和一個有責任感的人共事，等於給這份合作上了保險，即使失敗，也不是由你一個人承擔。

（7）雙方是否有互補的一面

合作是一個取長補短的過程，如果你們之間有互補的一面，充分發揮自己的優勢，就能實現最佳的資源配置，所謂一加一大於二。如果能在合作的過程中學到對方的優點，對於自己的發展也有不可估量的益處。

（8）能否產生默契

合作雙方要有默契，否則會造成合作雙方狀況的紊亂，甚至造成不必要的誤會。默契的基礎在於信任，如果不能相互信任，就不會產生默契。所以，考察對方是否值得你信任，是判斷你們之間能否產生默契的第一步。有了信任，再加上良好的溝通，產生默契並不是一件困難的事。

（9）對方是否有包容心

在合作中，難免出現錯誤。你必須判斷當你出現錯誤的時候，對方是否能夠包容你，那些能夠原諒你的小錯誤，以大目標為前提繼續合作的人，是你的首選合作對象。

但是，如果一個人表示，他能夠原諒你出現戰略性原則錯誤，你千萬不要與他合作。合作的目的在於互助與互相監督，如果他能夠原諒你的戰略性原則錯誤，就代表他並不重視這次合作，也代表你必須原諒他的這一類錯誤，這樣的合作不利於成果的產生。所以，合作夥伴要有包容心，但是不能一味包容。

（10）是否能接受彼此的缺點

合作夥伴不會十全十美，你如此，他也一樣。你們有相同的目標，互補的能力，還有一個很關鍵卻也很容易被忽視的問題——彼此願不願意接受對方的缺點。

接受彼此的缺點，就是接受對方身上你根本無法贊同的部分。你願意為這份合作做出讓步或妥協，以保證結果的順利。如果無法接受對方缺點，合作過程勢必會有摩擦，很可能導致合作的破裂。

尋找合作夥伴，本身就是一個考驗你的眼光與能力的行為，你的標準是否合適、判斷是否準確、瞭解是否全面，直接決定了合作是否能夠順利。儘量在每一次合作中重視對方，吸取經驗，給你的合作夥伴留下良好的印象，這樣既會提升他人對你的好感，也為你們下次合作預留了空間。

凝集多數人的智慧，往往是制勝的關鍵

有句話說得好：「只有聆聽別人意見的人，才能集大成。」無論是多麼優秀的人，只靠自己的力量是有限的。尤其在當今這個競爭激烈的社會裡，凝集多數人的智慧，往往是制勝的關鍵。就算你是一個「天才」，憑藉自己的想像力，也許可以獲得一定的成功。但如果你懂得讓自己的想像力與他人的想像力結合，就定然會產生更大的成就。

每一個人的構想與思維都是不一樣的，所以說，人越多，就越容易想出好的辦法，這正應了「一千個讀者，就有一千個哈姆雷特」，集眾人的意見，可能會產生意想不到的效果。

日本東京有一個地下兩層的飲食商業街，整個廣場都顯得死氣沉沉。

一天，商業街董事長突發奇想，如果有一條人工河就好了！不但來往的人群能聽到腳底下潺潺的流水聲，而且廣場上還有人工瀑布，這確實是很適合「水都

街區」的創意。

大家對董事長的構想很心服，於是有人訪問他。他回答說，挖人工河的構想並不是一開始就有，而是幾個年輕設計師一起討論時，有一個突然說：「讓河水從這裡流過如何？」

「不，如果有河流的話，冬天會冷得受不了。」

「不，這個構想很有趣。以前沒有這麼做，我們一定要出奇制勝。」

於是，有反對和贊成兩種意見。最後，大家一致通過這個構想。

由此可見，一個好的創意的產生與實施，光靠企業家自身的力量和努力是不夠的，需要集思廣益，必須在自己周圍聚攏起一批專家，讓他們各顯其能，各盡其才，充分發揮他們的創造性作用。

一個人若想取得成功，就要發揮集思廣益的最高境界，綜合所有的智慧成精華。要善於傾聽大家不同的意見與看法。就好比吃飯，一個善於集思廣益的人就是一個不挑食的人，他的營養就會比較均衡，身體就會非常健康，而一意孤行、只認可相同意見的人就好比是偏食嚴重，那他的營養成分就很不均衡，身體自然就會出現病怏怏的反應，直至整個人完全垮掉。

在工作中，不難發現，集思廣益的合作威力無比。一個人有無智慧，往往體現在做事的方法上。山外有山，人外有人。借用別人的智慧，助己成功，是必不可少的成事之道。

你應該明白，不嫉妒別人的長處，善於發現別人的長處，並能夠加以利用，協調別人為自己做事，與合作人之間建立良好的信譽，是成大事的基本法則。

如果你覺得有必要培養某種自己欠缺的才能，不妨主動去找具備這種特長的人，請他參與相關團體。三國中的劉備，文不如諸葛亮，武不如關羽、張飛，但他有一種別人不及的優點，那就是一種巨大的協調能力，他能夠吸引這些優秀的人才為他所用。

多一樣才華，等於錦上添花，而且通過這種管道結識的人，也將成為你的夥伴、同事、專業顧問，甚至變成朋友。所以，能集合眾人才智的公司，才有茁壯成長、邁向成功之路的可能。

能夠發現自己和別人的才能，並能為我所用，就等於找到了成功的力量。聰明的人善於從別人身上吸取智慧的營養，用來補充自己。從別人那裡借用智慧，比從別人那裡獲得金錢更為划算。讀過《聖經》的人都知道，摩西算是世界上最早的教導者之一，他懂得一個道理，一個人只要得到其他人的幫助，就可以做成更多的事情。

當摩西帶領以色列子孫前往上帝許諾給他們的領地時，他的岳父傑塞羅發現摩西的工作實在過度，如果他一直這樣下去的話，人們很快就會吃苦頭了。

於是，傑塞羅想法幫助摩西解決了問題。他告訴摩西將這群人分成幾組，每組一千人，然後再將每組分成十個小組，每組一百人，再將一百人分成兩組，每組各五十人。最後，再將五十人分成五組，每組各十人。

然後，傑塞羅又教導摩西，要他讓每一組選出一位首領，而且這位首領必須負責解決本組成員所遇到的任何問題。

摩西接受了建議，並吩咐那些負責一千人的首領，分別找到能夠勝任的夥伴，很快，摩西發現人們的生活變得井然有序了。

用心去傾聽每個人對你的計畫的看法，是一種美德，它是一種虛懷若谷的表現。他們的意見，你不見得各個都贊同，但有些看法和心得，一定是你不曾想過、考慮過的。廣納意見，將有助於你邁向成功之路。

萬一你碰上向你澆冷水的人，即使你不打算與他們再有牽扯，還是不妨想想他們不贊同你的原因是否很有道理？他們是否看見你看不見的盲點？他們的理由和觀點是否與你相同？他們是不是以偏見審視你的計畫？問他們深入一點的問題，請他們解釋反對你的原因，請他們給你一點建議，並中肯地接受。

另外，還有一種人，他們無論對誰的計畫都會大肆批評，認為天下所有人的智商都不及他們。其實他們根本不瞭解你想做什麼，只是一味認為你的計畫一文不值，註定失敗，連試都不用試。這種人為了誇大自己的能力，不惜把別人打入地獄。要是碰上這種人，別再浪費你寶貴的時間和精力，苦苦向他們解釋你的理想一定辦得到。你還是去尋找能夠與你分享夢想的人吧。

先給結果，再談回報

俗話說：「一分耕耘，一分收穫。」要想脫穎而出，不僅要做好自己分內的工作，而且還要多幹一點兒，為將來升級後的工作提前準備。一個下屬能夠做到這一點，往往能給領導留下深刻的印象，從而獲得更多晉升的機會。

具體而言，平時應多留心觀察領導是怎樣處理日常工作的，要善於站在領導的立場上考慮問題。雖然「預謀其政」並不一定能起立竿見影的效果，甚至不能夠在領導面前流露出來，但是經常「預謀其政」，觀察和思考領導處理的一些事情，就能夠在無形中鍛煉自己的領導能力。具備了領導能力後，一旦有了表現的機會，就可以一鳴驚人，讓人刮目相看。

「預謀其政」不等於越權替領導做主，而是站在一個輔助角色的位置上，為領導出主意、想辦法、排憂解難，這樣一來，無形中你也會對自己的工作態度、工作方式以及工作成果樹立一個更高的要求與標準，今後一旦有加薪晉職的機會，領導自然會想到你。

選擇人才、提拔幹部就是為了讓企業贏利。贏利是目的，手段是為目的服務的，「手段」離開目的就失去方向，所以手段必須與目的保持一致。日本著名的數學家士光敏夫有句名言：「撐竿跳的橫竿總是要不斷往上升的，不能跳躍它的人，就應儘快離開競技場。」

工作中，有些員工為了在領導面前表現，往往信口開河。如果領導問他工作完成得如何，他總是說：「放心吧，很快就做完了。」這種做法實際上是不可取的。聰明的員工會很客觀地回答：「還有一些困難，但是請放心，我有信心做好。」即使在完成之後，如果不是很完美，也不應急於給領導看，要盡力做到最好，然後才展示給領導。

職場中，做完了該做的事再爭取升職是一種職場美德，可以給你帶來寶貴的名譽，可以為你贏來別人的尊重，是你快速升職的重要砝碼。

美國IBM電腦公司之所以發展迅速，正是因為公司服務人員在產品售後服務中高度的責任心和持之以恆的辛勤工作以及他們信守諾言的美德。

一天，鳳凰城的一個使用者急需重建多功能資料庫的電腦配件。IBM公司得知後，立即派一位女職員送去。

不料途中女職員遭遇傾盆大雨，河水猛漲，封閉了沿途的十四座橋，交通阻塞，汽車已無法行駛。按常理，遇到這種情況，女職員完全有充分的理由返回公司，但她沒有被饑餓和途中的艱險所阻擋，仍勇往直前，並巧妙地利用原來存放在汽車裡的一雙溜冰鞋滑向目的地。平時只需要二十分鐘的路程，今天卻變成了四個小時的跋涉。

女職員到達用戶目的地後，又不顧旅途的疲勞，及時幫助用戶解除了困難。

做完這件事情的第二天，女職員彙報了這一切，很快，她得到了晉升。

在現實中，有些員工為了在領導面前討巧經常不考慮自身能力，對領導的任何問題都以「沒問題！」「您放心！」「包在我身上。」回應。能辦成了還好，如果不能辦成，往往會給領導留下不好的印象，領導還怎麼可能放心把重任交給這樣的員工呢？所以，一定要只承擔那些有把握完成的工作。

在升職的道路上，不僅要「先謀其事」，還要學會用事實說話，先給領導他想要的「結果」，才能爭取到自己想要的「結果」。

測試　你的交友能力有多強？

交友是打造良好人際關係的第一步，有的人與朋友相處極佳，有的人交友方式不當。想知道自己的交友能力嗎？做做這個測試吧！

（1）清晨睜開眼睛，你的感覺通常是：

Ⓐ充滿嚮往。↓5分

Ⓑ想到接下來的一整天就心煩意亂。↓1分

Ⓒ挺心滿意足的。↓3分

（2）聽說某些人（未必你認識）活得艱難坎坷，你感覺：

Ⓐ活該。↓1分

Ⓑ這人沒好運。↓3分

Ⓒ值得同情。↓5分

(3)有人講：「完美的生活就是幸福的生活。」你意下如何？

Ⓐ完全贊成。↓5分

Ⓑ部分同意。↓3分

Ⓒ不同意。↓1分

(4)你對自己的未來是何態度？

Ⓐ十分憧憬。↓5分

Ⓑ相當憂慮。↓1分

Ⓒ沒考慮過這個問題。↓3分

(5)對你目前的生活，你覺得：

Ⓐ非常豐富充實。↓5分

Ⓑ充滿坎坷。↓3分
Ⓒ安穩但缺乏刺激。↓4分
Ⓓ有點兒乏味。↓2分
Ⓔ沉悶之極，令人沮喪。↓1分

(6)朋友們打算出去吃晚飯，最後一刻才打電話給你，因為有個人不能來了，你會：

Ⓐ丟開一切，馬上前往。↓5分
Ⓑ要求考慮考慮。↓3分
Ⓒ斷然推掉：先前怎麼沒想到我。↓1分

(7)和朋友們在一起，你愛扯別人的閒事嗎？

Ⓐ是的，這使我興趣盎然。↓2分
Ⓑ如果內容無害，講講又何妨。↓3分
Ⓒ我從不喜歡對別人說三道四。↓5分

(8)你覺得自己在異性的眼中是怎樣一種形象？

Ⓐ你在他們眼裡很有魅力。→5分

Ⓑ你使人覺得有趣，但不迷人。→4分

Ⓒ他們討厭你。→2分

Ⓓ他們覺得你對異性不感興趣。→1分

(9)你覺得自己的少年時代：

Ⓐ暗淡無光。→1分

Ⓑ忙碌、充滿生機和樂趣。→5分

Ⓒ平淡如水。→3分

(10)朋友向你尋求幫助，你總是：

Ⓐ真心幫助他們。→5分

Ⓑ並不全力以赴，只是給一些指導和勸告。→3分

Ⓒ同情地傾聽，但不伸出援助之手。→2分

Ⓓ希望他們另找他人。→1分

(11)在你衣冠不整的時候，朋友忽然不速而至，你：

Ⓐ依然熱情接待。→5分

Ⓑ希望他們對此不要介意，態度友好。→4分

Ⓒ儘快送客出門。→2分

Ⓓ對門鈴置之不理。→1分

(12)你的朋友經常來探望你嗎？

Ⓐ是的，常常不請自來。→5分

Ⓑ如被邀請，有時會來。→3分

Ⓒ即使邀請也很少會來。→1分

(13)回首童年時光，那時你有：

Ⓐ一個特別的朋友。→3分

Ⓑ一大幫朋友。→5分

Ⓒ一個幻想中的朋友。→1分

(14)假日裡你喜歡和誰出去？

Ⓐ和最知心的人。↓3分

Ⓑ一人出去結識新朋友。↓5分

Ⓒ只我一人獨行。↓4分

(15)你認為自己是：

Ⓐ十分健談的人。↓5分

Ⓑ很好的傾聽者。↓3分

Ⓒ一個不善言談又不愛聽人講的人。↓1分

(16)當朋友陷入困境，他們會來找你嗎？

Ⓐ經常如此。↓3分

Ⓑ從來也不。↓5分

Ⓒ有時會。↓1分

(17)你和朋友一起外出的機會多嗎？

Ⓐ一周內就有幾個晚上。↓5分

Ⓑ一個月中有兩三回。↓3分

Ⓒ極少。↓1分

(18)你喜歡下列那些活動？

Ⓐ跳舞。↓3分

Ⓑ談話。↓4分

Ⓒ散步。↓2分

Ⓓ聚會。↓5分

Ⓔ讀書。↓1分

結果分析

73分以上：與朋友處得極佳。

你樂觀開朗，熱心助人，寬容隨和，並且懂得尊重別人，而且你的交友原則是互利互助、彼此獨立，這使得朋友們感到與你在一起既愉快又輕鬆，你會受到大家衷心的歡迎。

55～72分：與朋友處得較好。

也許你不是那麼外向，所以朋友與你相識初期，難以很快達到融洽的地步。不過，隨著時間的推移，你的品質和為人會贏得大家的信任。你不妨做一些人為的推進工作，更多地敞開自己。

37～54分：交友容易不當。

你也許是個溫和、善良的人，可是你缺乏足夠的獨立自持，遇事難得有主見，也不能給處在困難中的朋友以有效的建議和幫助，因此難以使人產生可以信賴的感覺。請試著多肯定自己的想法，同時多些表達自己的意見，以免過度地依賴朋友或在朋友身上投注過多的感情需求，讓朋友對你的看法趨於負面。

36分以下：有一定交友障礙。

你主觀上拒絕與他人溝通交流，認為自己一個人就能構成一個完整的世界，很多時候，與人交往不僅無法使你愉快，反而會成為一種令你厭煩的負擔。這樣的心理狀態，當然很難有什麼朋友。你並非真的不需要朋友，只是你的一度誤交損友或過分清高，讓你存在「哪裡需要交朋友」的錯覺而已。人生有幾個知己，與你共用生活中的樂事，比任何事情都好。

第九章 有趣有料：人生很多種看你鬧哪樣？

悅己，是快樂旅程的開始

不必處處要求別人的認可與肯定，如果認可與肯定來臨，坦然接受它；如果沒有來臨，也不必過多去在意它。你的滿足應該來自你所做的事情本身，你的快樂應該是為你自己，而不是為別人。

人生苦短，每個人都希望能夠快樂地度過。擁有快樂的心情就能夠發現生活中的美好，也只有理解了快樂的真諦，才能夠擁抱真正幸福的人生。

非洲有一個叫作撒拉的小鎮的墓地中，有兩塊很特殊的墓碑。其中一塊墓碑上有這樣一段話：「其實，人生在世，真的不在乎你到底幹了些什麼，也不在乎你有多麼成功，如果你為了一種目的而折磨自己，只會把自己弄得很不幸福。你需要想的是，你活著到底要的是什麼？」

而另一塊墓碑上則寫著：「笑口常開，知足常樂，讓我活得很開心。我沒有什麼，只有兩畝沙地，一片不成材的小樹林。我這一生，除了餅和粥，幾乎沒吃過什麼。但我每天都在笑聲中度過。記住，只要快樂，你就什麼都不缺！」

把這兩塊墓碑連在一起看，你就會懂得，人生真正的意義在於活得快樂，其他什麼都不重要。

一個人，只有懂得如何讓自己快樂，才能真正為自己點亮快樂人生的火把。做你自己想做的事，不管結果如何；走你自己想走的路，不管去向何方，都會有快樂相伴。在意的東西越少，人越容易獲得快樂。

曾經有一位詩人，非常熱愛詩歌，也很有才華。他寫了不少的詩，可是，大家所熟知的他的詩也只有那麼一兩首，他還有很多詩都沒有機會發表出來，也無人欣賞。為此，詩人感到非常苦惱。

一天，詩人和一位知己傾訴心中的苦悶，感嘆命運弄人，為什麼他這麼努力還是不能夠獲得成功。

他的知己笑了笑，指著窗臺上的一盆花問詩人：「你知道這是什麼花嗎？」

詩人看了一眼，有氣無力地說：「當然知道，夜來香嘛。它跟我的成功有什麼關係呢？」

知己說：「這夜來香只在夜晚開放，所以才得此名，可是，你知道夜來香為什麼不在白天開花，而在夜晚開花嗎？」

詩人看了看知己，搖搖頭說：「不知道。」

知己笑著說：「白天開花的花往往是為了引人注意，取悅他人，以此來展示自己的價值。但是陽光的照射卻使它們很容易枯萎。夜來香選擇在夜晚開花，不為吸引他人注意，只為取悅自己。哪怕沒人欣賞，它依然綻放自己，芳香自己，只是為了讓自己快樂。」

知己接著說道：「很多人都像那些在白天開放的花朵，把自己快樂的鑰匙放在別人手中，自己所做的一切都是在做給別人看，只是為了得到別人的讚賞，卻從來都不問問自己是否喜歡做這件事，心中是否快樂。其實，我們都應該學學夜來香，不要在意別人的眼光和評價，也不要為了取悅別人而活，而應該學會取悅自己，做讓自己快樂的事。」

為了取悅別人，總是勉強自己去做違背自己原則的事情的人，肯定是不快樂的。人們每天都在受他人的影響，時時刻刻都有人在提醒你：「什麼是對的，什麼是錯的；什麼是真的，什麼是假的；什麼是快樂的，什麼是悲傷的；什麼是應該做的，什麼是不應該做的……」就這樣，人開始忘記自己的喜好，忘記自己真正的需要，而且越來越在意他人的言語和態度，越來越希望得到他人的肯定和讚賞。於是，無論你做什麼都是為了取悅他人，似乎只有這樣才能得到快樂。

真正快樂的人應該去做令自己快樂的事情，而不是去做令別人快樂的事情。一個人如果有勇氣取悅自己，他的精神就是旺盛的，哪怕是在寒冷的冬季，他的心中依然熱情如火，這種心態足以衝破所有的悲傷和痛苦，綻放出快樂之花。一個人如果有能力取悅自己，就會讓自己活得灑脫、自由，而快樂的人通常都有磁鐵一般的魔力，能夠把周圍的人都吸引到自己身邊來。

可惜的是，有很多人從來不知道自己真正需要的是什麼，對於他們來說，取悅自己是一件非常困難的事情。他們已經習慣為別人忙碌，漠視甚至壓抑自己的需要，久而久之就變得焦慮、煩躁、不安、悲傷、無奈。他們在這些負面情緒中漸漸失去了自我，迷失了方向，成功也隨之離他們越來越遠。

如果一個人能夠使自己投入到自己喜歡的事情中，必然能最快抵達目標。何必和自己過不去呢？對於一個人來說，快樂地活著，就是人生中最大的成功。人只有學會最大限度地取悅自己、善待自己、珍愛自己，才能夠活得快樂、開心，才能踏上成功之旅。

學會知足與惜福，快樂由心而生

人不快樂往往不是因為擁有的東西太少，而是想要的東西太多。貪心好比一個套結，把人的心越套越緊，結果把理智閉塞了。知足是一種境界，有了知足之心，生活才會有快樂相伴！

知足是快樂的重要條件。加拿大心理學家多易居說，人類不快樂的最大原因是欲望得不到滿足，期望得不到實現。人只有學會知足與惜福，才能更加珍惜身邊的人和物，發現生活中的各種美好，才能領悟生命的意義與激情，收穫更多的幸福與快樂。

人生最大的遺憾莫過於看不見自己生命中的美好與快樂，讓多少幸福悄然逝去。學會珍惜擁有的點滴幸福，你將發現它們會一直增加。世上沒有十全十美的事物，如果把目光放在不快樂的一面，受傷的永遠是自己。停止抱怨，把目光固定在美好的事物上，你就會被美好的事物所包圍。

老子曾經說過：「禍莫大於不知足，咎莫大於欲得。故知足之足，常足矣。」意思是說，天下最大的禍患莫過於不知足，最大的罪過莫過於貪得無厭。所以，知道滿足的富足之人，才能獲得永遠的富足與快樂。

學會知足與惜福，人的內心將變得更有力量，這種力量使人產生對生活、對美好事物的信念，使快樂在心中生根發芽，在臉上開花結果。知足，使人在失敗時，看到自己的差距，在成功時懂得感恩，在不幸時得到慰藉，在幸運時保持冷靜。

美國著名作家梭羅在其代表作《瓦爾登湖》中揭示了快樂人生的真諦：「人如果被紛繁複雜的生活所迷惑，不懂得知足、惜福，便會失去生活的方向和意義，內心便會充滿焦慮。」如果一個人能滿足於基本的生活所需，便可以更從容、更充實地享受人生，享受內心的輕鬆和愉悅。

梭羅不僅在作品中這樣表達，在生活中也是這樣做的。他每天早晨起床後做的第一件事，就是對自己說：「我能活在世間，是多麼幸運的事！」他用這種方式來提醒自己要對生命充滿感激，對生活學會知足，對幸福懂得珍惜。這種生活態度使梭羅有更多的時間做自己喜歡的事情，讓自己過得快樂，同時，也幫助自己踏上了成功的旅程。

人只有學會知足、惜福，才不至於好高騖遠，迷失人生的方向，弄得心力交瘁而體會不到人生的快樂。因為不懂得知足，世間大多數人都是「身在福中不知福」。其實，人生快樂與否完全取決於每個人內心的感覺，和物質的多少、財富的多少、地位的高低完全沒有關係。有的人衣食無憂，卻一輩子都不快樂，最後抑鬱而終，因為他們不知足，看不到自己手中所擁有的，只想追求自己所沒有的。有的人生活清貧，卻每天都過得幸福快樂，因為他們懂得珍惜眼下的幸福。

從前，有一個大地主，他擁有無數的土地和財富，但他還不滿足，每天都在不斷地向上帝祈求更多的土地。

終於有一天，上帝來到了他的面前，對他說：「既然你那麼想要土地，就儘管向前跑吧！只要在日落之前你能夠再回到我的面前，那麼你的足跡所踏過的土地就全部都是你的。」

地主欣喜萬分，撒腿就跑，簡直像一頭發了瘋的野獸。

他跑啊，跑啊，每次他想往回跑的時候，都希望把圈跑得更大一些，那樣他得到的土地也就更多一些。就這樣，他一直往前跑，眼看太陽就要落山了，他只好掉轉方向往回跑。

就在太陽即將落下的那一刻，他終於回到了上帝的面前。可惜的是，他累死了，所有的土地都不再和他有任何關係。

這個地主本可以過著無憂無慮的生活，卻因為不知足而給自己增添了許多煩惱，最後又被貪心累死，真是可悲可嘆！

《聖經》上說：「人若賺得全世界，結果賠上了自己的生命，有什麼益處呢？人還能拿什麼換取生命呢？」人生在世，不要過於貪心。人來到這個世上時，本來就是一無所有。因為生命的存在，人們才能享受到世間的一切美好。除了生命，財富、名利、物質都是身外之物，不必太在意。

如果你總是盯著那些無足輕重的身外之物，會感到不滿足，內心會充滿焦慮和痛苦，目光會變得狹隘，成功也會隨之遠去。在這個物欲橫流、充滿誘惑的社會，不盲目地羨慕別人，不過度追求不屬於自己的東西，而是去做自己喜歡做的事，過自己喜歡過的生活，就是最大的快樂。

人生無常，只有懂得知足、惜福，才能笑對得失福禍，才能冷靜客觀地面對現實，正確認識自己，看清機會。否則，就很容易在得失之間徘徊不前，最後不但錯過了人生的太陽，也錯過了人生的月亮，空留一腔遺憾。

以一種知足、惜福的心態看周圍的世界和自己的人生，就會看到美好無處不在，就會覺得自己的生活充滿幸福，內心充滿喜悅的力量。

最優秀的就是你自己

先相信自己，然後別人才會相信你。你應該相信自己是優秀的，如果你始終這麼認為，並朝著這個方向不斷前進，總有一天，你會發現你的生命之花怒放得讓人驚訝。

機會為每個人存在。一個人的心有多大，舞臺就有多大。世界上沒有誰可以限制你走向成功，除了你自己。只要打開心扉，相信自己是最優秀的，就已經成功了一半。

有人曾這樣說過：「信心是生命和力量，是創立事業之本，是奇蹟之源。只要有足夠的信心，你就一定能贏得成功！」在這個世界上，並不是因為某些事難以做到，人才沒有自信，而是因為你缺乏自信，某些事才顯得難以做到。

一個缺乏自信的人，就如同一根受潮的火柴，無論能力多麼強，都很難擦出成功的火花。古往今來，許多失敗者之所以失敗，並不是缺少智慧，也不是缺少能力，而是缺少自信。當機會來臨，不敢相信自己可以做到，最終任由它流入別人的手中。其實，只要敢想敢做，敢於承擔責任，一切都有可能，最優秀的就是你自己！缺乏自信的人總是把事情想得比實際要艱難，並且不斷地給自己壓力：「這件事我做不到。」結果錯失良機。

希臘著名哲學家蘇格拉底臨終前，要求他的得力助手，在半年內給他找一位最優秀的人來繼承他的思想。

助手很快應承下來，然後，助手就開始了大海撈針一般的尋找。他不辭辛苦地走過很多地方，找到很多有智慧、有勇氣的人。可是，他們最後都被蘇格拉底否決了，直到蘇格拉底病入膏肓，他最得力的助手依然沒有找到那個「最優秀的人」。

蘇格拉底看著助手眼底的愧疚，想最後一次點化他，就硬撐著坐起來，拉著他的手說：「辛苦你了！不過，你找來的那些人在我看來還不如你優秀。」

他的助手聽後更加愧疚地說：「我一定更加努力地去尋找，即使走遍全世界，我也要把那位最優秀的人找到。」蘇格拉底聽後，失望地搖搖頭，不再說話。

蘇格拉底的病情一天比一天加重，而那個最優秀的人還是沒有找到，他的助手又傷心又羞愧：「我真對不起您！直到現在也沒有找到那個最優秀的人，令您失望了。」

蘇格拉底撐著最後一口氣說：「失望的是我，對不起的卻是你自己啊！」他喘了喘氣，接著說道：「最優秀的人其實就是你自己。可是你不敢相信自己，最終把自己耽誤了……」說完，他就永遠地閉上了眼睛。而他的助手默默地流下了悔恨、傷心的淚水。

助手因為不敢相信自己就是那個最優秀的人，白白失去了一個獲取成功的最好機會。現實中有很多人像那個助手一樣，只看到別人身上的優點，卻看不到自己身上的優點，在機會面前否定自我，不敢進取，自甘沉淪，最後和成功失之交臂。

很多人可能都曾有過這樣的想法：「這輩子，我是不可能有獲得世上最美好的事物的機會了。」他們以為，那些美好事物都只是為那些最優秀的人準備的。這種自卑心理阻礙了他們去獲取得成功，成為最優秀的人。

世上無難事，只怕有心人。無論是什麼事，只要肯幹，就一定可以幹好。或許你面對的是一件你從來沒做過的事，你不知道自己是不是能夠做成。這時你就需要有敢於嘗試的勇氣，沒有試過，你怎麼知道你不能成功？

自信是成就一番事業最重要、最可靠的資本，它可以幫助人們克服各種障礙、排除各種艱難，最終抵達勝利的終點。仔細觀察那些成就了一番偉業的卓越者，你會發現，在成功之前，他們往往都具備極強的自信心，相信自己就是最優秀、最出色的。如此一來，他們在工作中就會不斷開發自己的潛能，排除萬難，奮力拼搏，直到最終取得勝利。

微軟亞洲工程院院長張宏江曾說：「從小我就相信我是最聰明的。即使在後來的日子裡我常常不如別人，但我還是對自己說，我能比別人做得好。」自信是你對自己的肯定，是一種內在實力和實際能力的統一體現，是引導你自己走向優秀的燈塔。一個人的自信決定了他的能量、熱情以及潛能挖掘的程度。而一個自信的人，會擁有強大的能量，使他不斷地挑戰自我，爭取成功。

只要你相信自己是最優秀的，你就一定是最優秀的！強大的自信將會為你帶來積極的心理暗示，賦予你強大的正能量，帶你走出人生的困境，走向燦爛的未來。

只有在陰雨天，才能看到自己的足跡

世上沒有不可逾越的障礙，關鍵在於自身有沒有戰勝困難的勇氣和毅力。只要肯用心思考，辦法總比問題多。只要下定決心，一切困難都能迎刃而解。

世上無難事，只怕有心人。「沒有比腳更長的路，沒有比人更高的山」，明白了這一點，再大的困難在你面前都算不上困難，做到了這一點，困難也會為你感動，天地萬物都會助你一臂之力。

在生活中，每個人都會遇到各種各樣的困難，誰也不可能一帆風順地走完一生。人，只要活著，就會遭遇挫折。遇到這些困難時，你該怎麼做呢？好多人選擇了逃避，因為他們怕困難把自己打倒，所以不肯去面對。但是想想看，即使逃避，困難就能化解嗎？當然是不可能的，逃避只能等著失敗來找自己，堅強地去面對，或許還可能挽回局面。

有很多人不明白，為什麼有的人好像一輩子都沒有遇到過苦難？其實，不是沒有遇到過困難，而是他們總有一顆與困難抗衡的心，心越是堅強，困難也越容易對付，所以，他們總是能開開心心地過好每一天，在他們身上看不到煩惱的影子。那些有成就的人，他們一生中遇到的困難更多，這也鍛煉了他們一顆堅強的心。所以，他們才能在激烈的社會競爭中爭得一席之地，才能成就一番事業。

一個小和尚總覺得方丈對自己不公平，因為方丈一連讓他做了三年誰也不想去做的行腳僧。

一天清晨，小和尚聽著外面滴答滴答的雨聲，心想：今天可以休息一下。誰知方丈照常敲開他的房門，嚴厲地問他：「你今天不外出化緣？」

小和尚不敢說是因為外面下雨，便和方丈打起了禪機。他故意走到床前一大堆破破爛爛的鞋子前面，左挑一雙不好，右挑一雙也不好。

方丈一看就明白了，說：「你是不是覺得我對你嚴厲了點？別人一年都穿不破一雙鞋，你卻穿爛了這麼多的鞋子。而且今天還下著雨……」

小和尚點點頭。

方丈說：「那你今天就不用出去了，一會兒雨停了，隨我到寺前的路上走走吧。」

雨停後，小和尚跟著方丈來到寺前。

寺前是一座黃土坡，由於剛下過雨，路面泥濘不堪。

方丈拍著小和尚的肩膀，說：「你是願意做一天和尚撞一天鐘，還是想做一個能光大佛法的名僧？」

小和尚說：「當然想做名僧。」

方丈撚須一笑，接著問：「你昨天是否在這條路上走過？」

小和尚：「當然。」

方丈：「你能找到自己的腳印嗎？」

小和尚不解：「我每天走的路都是又乾又硬，哪裡能找到自己的腳印？」

方丈笑笑，說：「今天你再在這條路上走一趟，看看能不能找到自己的腳印？」

小和尚說：「當然能了。」

方丈笑了笑，不再說話，只是看著小和尚。小和尚若有所思，隨後明白了方丈的苦心。

泥濘的路上才有腳印，雨後的天空才有彩虹。痛苦是最好的老師，成長路上的每次磨難，不僅是對一個人最好的考驗，也是一種潛在的饋贈。「刀靠石磨，人靠事磨」，唯有開水才能喚起茶葉的香，唯有磨礪才能將璞石打磨成寶玉。沒有人能隨隨便便成功，現實就是這麼殘酷，成功不會因為你已經付出許多而青睞你，它只會迎接那些在泥濘的道路上走出來的人。

善靜和尚廿七歲時棄官出家，投奔至樂普山元安禪師門下，元安令他管理寺院的菜園。

有一天，一個僧人認為自己已經修業成功，可以下山雲遊了，就到元安那裡辭行。元安決心考一考他，便笑著對他說：「四面都是山，你往何處去？」

僧人猜不透其中的禪理，無言以對，只好愁眉苦臉地往回走。路上經過寺院的菜園子，被正在鋤草的善靜發現，善靜就問他：「師兄為何苦惱？」

僧人就把事情的來龍去脈告訴了善靜。

善靜略一思忖，便想到元安禪師所說的「四面都是山」，就是暗指「重重困難」「層層障礙」，實際上是想考考這位師兄的信念和決心，可惜他參不透師父的心意，於是，善靜笑著對僧人說：「竹密豈妨流水過，山高怎阻野雲飛。」暗示僧人只要有決心、有毅力，任何高山都無法阻擋。

僧人如獲至寶，再次向元安辭行，並說：「竹密豈妨流水過，山高怎阻野雲飛。」他滿以為師父這次肯定會誇獎他，准他下山，誰知元安聽後先是一怔，繼而眉頭一皺，嚴厲地說道：「是誰幫助你的？」

僧人無奈，只好說是善靜說的。

元安對那個僧人說：「善靜將來一定會有一番作為！你多學著點兒，他都沒有提出下山，你還要下山嗎？」

磨難是一個人成長的標誌，只有經過歷練的人，才可以在紛雜的社會裡站住腳。每個人一生之中都會遇到很多磨難，只有把磨難當作一種考驗才可以讓自己越來越堅強，從而活出自己的精彩。痛苦能讓一顆脆弱的心變得堅強，能讓一個弱不禁風的身體變得強壯。只有經歷過痛苦和磨難的人生，才是真正的人生。

總有很多人想逃避磨難，他們以為沒有磨難的人生才是一個快樂的人生，才能享受到生活的樂趣。其實不然，只有經過痛苦和磨難的人才知道什麼是真正的快樂，沒有苦怎麼會嘗到甜的滋味，沒有煩惱怎麼會體會到快樂的生活，沒有壓力怎麼會明白什麼是追求，什麼是理想呢？

現實給予了每個人享受快樂的機會，但是也同時給予了你承受痛苦的能力，如果你不去承受痛苦，自己就不會明白什麼才是真正的生活。

山峰再高總有登上去的時候，河水再寬也有跨過去的時候，只要你有一顆堅強的、持之以恆的心，你的生活將沒有困難可言。

不逞一時之勇，莫吃日後大虧

吃虧是福，難得糊塗，也是一種非常重要的處世哲學。看好時局，大丈夫應該能伸能屈。認清形勢、權衡利弊、靈活應對才是更重要的方法。

如今的社會更是要求如此，社會變得越來越複雜，很多時候，即使你不惹到他人，「煩惱」也會主動找上門來；即使你謹慎處事、真誠待人，也難免不被人找麻煩、刁難；即使你已經非常盡力，但是，也可能會與人在發生衝突的時候掛彩、受傷。你彷彿總在吃虧，所以，很多人就會想要當場好好發洩一番。可是，想一想後果，你更應該選擇「不逞一時之勇」。

其實，很多時候，你為了不吃虧，與對方大動干戈，並非真的無法忍受，通常都只因為面子的問題。敢於迎接挑戰是一種壯舉，但是，如果在不適宜的情況下，卻是一種非常不明智的做法。俗話說：「小不忍則亂大謀。」當你該忍耐的時候，必須要按捺住自己衝動的意氣用事，否則「不吃眼前小虧，就要吃日後大虧」。

吃眼前之虧，既不是懦弱的表現，也不是無能的說明。很多情況下，它是一種睿智，是一種魄力，是一種超脫和境界。

在清末民初時期，北京城有個有名的綢緞店，突然一場大火把所有的東西燒掉了，其中包括來往的帳目，店老闆就貼出一張告示說：「因本店的帳目已燒毀，凡欠我的錢可以不還，我欠別人的，只要有憑據照樣兌現。」

這樣處理，綢緞店明顯的是吃了大虧，然而，後來這個綢緞店卻因這事而名聲大震，許多人都慕名而來與他做生意，其中還包括一些外國人。很快，這個綢緞店又恢復了生機，生意比失火前還要興隆。

老子說，「福兮禍所伏，禍兮福所倚」。就是說事物的發展能產生兩個極端的轉化，世上的任何事情都是有失有得。這個綢緞店失火後的舉措如同做了一個活廣告，在經濟上暫時吃了虧，但卻贏得了人們的信任，結果東山再起。

真正有智慧的人，不在乎「裝傻充愣」的表面吃虧，而是看重實質性的

「福利」。

男兒膝下有黃金，不可做有違尊嚴的事情。這種事情，常被人們看作是一個好漢所不能為、不該為的。如此說來，胯下之辱就更是不可接受、忍受。可是，大將軍韓信卻是坦然地面對並接受了這份屈辱。然而，他被稱作跨下梟雄，更被稱作硬梆梆的好漢。

漢時開國大將軍韓信，統領三軍、叱吒風雲，幫劉邦建功業，統一天下。可是，他小時候過著非常不幸的生活。韓信很小就失去了父母，主要靠釣魚換錢謀生，經常受一位靠漂洗絲綿為生的老太太施捨，經常遭到周圍人的歧視和冷落。

一次，一群惡少當眾羞辱韓信。一個屠夫對韓信說：「雖然你長得又高又大，喜歡佩戴刀劍，其實你心中非常膽小。有本事的話，你敢用你的佩劍刺我嗎？如果不敢，就從我的褲襠下鑽過去。」

韓信自知形單影隻，硬拼只會吃虧，於是，他便當著在場人的面，從那個屠夫胯下鑽了過去。

很多人嘲笑韓信是因為害怕才這樣做的，但是，事實卻並非如此。韓信忍受胯下之辱，只是權衡利弊後所做出更明智的選擇。後來，他當了大將軍，成就了人生大業的時候，還去看望了當年那個屠夫，不但沒有殺了他，還讓他做了自己的中尉。

韓信後來說：「我當時並不是怕他，而是沒有道理去殺他，如果殺了他，就不可能有我的今天了。」正是韓信的聰明和睿智，才成就了他日後的大業。

人說一代名人都如此現實，你是不是也應該明智一點，遇到故意挑釁之人，忍辱吃一些小虧呢？

小虧，是較之日後的大虧而言的。現在看著可能無法接受，但是到以後，你遇到大虧的時候，你可能會後悔今日的「衝動」了。

「好漢」不是「逞能」「面子」的代名詞。一般而言，「好漢」都勇敢地面對任何事物，冷靜地看待雲卷雲舒，氣度非凡地看待自己的損失。面對眼前虧，他們審視自己的處境；面對眼前虧，他們權衡利弊。俗話說：「將軍額頭可跑馬，宰相肚裡能撐船。」你也要擁有這樣的魄力，善於吃眼前之不可不吃的虧。

有一顆豁達心，過了黑夜是黎明

豁達的人，是樂觀的人。而所謂樂觀，按照哲人的說法，就是樂觀的人與悲觀的人相比，僅僅是因為後者選擇了悲觀。

如果是主動捨棄，或許人們的煩惱不會有那麼多，偏偏生活中有很多東西是被迫捨棄的。於是，很多人常常會因為失去一些曾經擁有的東西而無比心痛，或者因過去的某個過錯而一直耿耿於懷，不肯輕易原諒自己。

但一味地追悔過去，只會令自己困在一個死胡同裡，進而讓事情變得更糟糕，讓自己的內心永遠得不到安寧。正如莎士比亞所說：「一直悔恨已經逝去的不幸，只會招致更多的不幸。」

想要不為過去的種種煩惱，唯一的方法就是學會豁達。

豁達的人在遇到困境時，除了會本能地承認事實，擺脫自我糾纏之外，他還有一種趨樂避害的思維習慣。這種趨樂避害，不是為了功利，而是為了保持情緒與心境的明亮與穩定。這也恰似哲人所言：「所謂幸福的人，是只記得自己一生中滿足之處的人；而所謂不幸的人，是只記得與此相反的內容的人。」每個人的滿足與不滿足，並沒有太多的差異，幸福與不幸福相差的程度，卻會相當巨大。

仔細觀察分析一個心胸豁達的人，你往往會發現，他的思維習慣中有一種自嘲的傾向。這種傾向，有時會顯於外表，表現為以幽默的方式、用自嘲的方式擺脫困境。

自嘲是一種重要的思維方式。每個人都有許多無法避免的缺陷，這是一種必然。不夠豁達的人，往往拒絕承認這種必然。為了滿足這種心理，他們總是緊張地抵禦著任何會使這些缺陷暴露出來的外來衝擊，久而久之，心理便成為脆弱的了。

最豁達的人，則具有一種遊戲精神，將容忍限度擴大。既然他把一切視為一種遊戲，儘管他同樣會滿懷熱情，盡心盡力地去投入，但他真正欣賞的，只是做這件事的過程，而不是目的——遊戲的樂趣在於過程之中，那麼，他也就解脫了得失之心的困擾。

如何做個豁達人呢？你要記住三個要點，並不斷提醒自己。

（1）上一刻歸咎於回不來的過去

時間是一件神奇的東西，它雕刻生命的年輪，推移事態的變遷，是最有效的療傷良藥，也是最無情的過客。世界上沒有誰能夠左右時間，過去的一切都會隨時光定格在過去的某一時間刻度，無法超前，更無法錯後。上一刻的悲傷或是快樂，對你來說，都只是生命中一個個小小的符號，無法更改它們。所以，與其回望過去，不如專注於現在。

（2）把過去的痛苦和光輝放進歷史

過去的痛苦曾經讓你身心疲憊，甚至令你深感屈辱。但是你應該懂得，過去的已經過去，未來的影像是由你現在的思想所決定，由你現在的行動所創造的。將過去的痛苦鎖進生命的歷史，踏上新的征程，打造未來，才能獲得成功，感受快樂。走出曾經的光環，就算它再奪目，也是屬於過去的。專心於你的現在和未來，你的人生之路會更加絢麗。

（3）並非人人都是愛我的

你沒有必要去喜歡自己認識的每一個人，因此，你也沒有權利要求所有人都喜歡你自己。別太在意別人的眼光，走自己的路，讓別人說去吧！人要有一顆豁達之心，當得不到別人的認可時，也照樣可以活出自己的風采，對自己的每一天負責，相信自己能夠做得很好。

測試 你的心理弱點在哪兒？

在一個兇殺案現場，被謀害的是一位年輕女子，遇害時正好手中抓著一支斷裂的口紅。請用直覺推斷她遇害的原因。

Ⓐ強盜闖入家中劫財劫色
Ⓑ男友報復她移情別戀
Ⓒ是暗戀她的人所為
Ⓓ情敵下的毒手

測試分析

Ⓐ你潛意識裡最大的弱點是害怕患病。你最害怕的莫過於自己得了不治之症，受盡治療的折磨，你害怕身上的痛苦和死亡的威脅。

Ⓑ你心裡的弱點是害怕死亡。但不是你自己的死亡，而是你最親密的人的死亡。因為你的感情依賴度非常高，尤其對父母、配偶、兄弟姐妹。當不幸發生後，你將無法承受。

Ⓒ你最感到恐懼的是自然界無法解釋的現象。災難、惡魔等會在你的夢境或意識模糊的時候出現。這是你非常不易克服的弱點。

Ⓓ你心裡的弱點是害怕背叛。你無法面對情人變心或親密的摯友出賣你。在他人惡意背叛你時，你會脆弱得失去所有的反擊能力。不過這個弱點不易被察覺，非要到面臨困境時才會顯現。

如何成為一個有趣的人
——性格心理學

作者：張豐
發行人：陳曉林
出版所：風雲時代出版股份有限公司
地址：10576台北市民生東路五段178號7樓之3
電話：(02) 2756-0949
傳真：(02) 2765-3799
執行主編：朱墨菲
美術設計：吳宗潔
業務總監：張瑋鳳

初版日期：2024年8月
版權授權：馬峰
ISBN：978-626-7464-30-4

風雲書網：http://www.eastbooks.com.tw
官方部落格：http://eastbooks.pixnet.net/blog
Facebook：http://www.facebook.com/h7560949
E-mail：h7560949@ms15.hinet.net
劃撥帳號：12043291
戶名：風雲時代出版股份有限公司

風雲發行所：33373桃園市龜山區公西村2鄰復興街304巷96號
電話：(03) 318-1378
傳真：(03) 318-1378
法律顧問：永然法律事務所 李永然律師
北辰著作權事務所 蕭雄淋律師

行政院新聞局局版台業字第3595號 營利事業統一編號22759935

定價：340元

國家圖書館出版品預行編目資料

如何成為一個有趣的人：性格心理學 / 張豐著. -- 初版. -- 臺北市：風雲時代出版股份有限公司, 2024.07
面； 公分

ISBN 978-626-7464-30-4(平裝)
1.CST: 性格 2.CST: 人格心理學

173.75 113006983